藏書

珍藏版

鬼谷子

于立文 主编

伍

辽海出版社

目 录

忤合第二 …………………………………… (1)
一、爱国的屈原 …………………………… (3)
二、逐鹿中原 ……………………………… (8)
三、伤风败俗 ……………………………… (9)
四、上下其手 ……………………………… (10)
五、申公巫 ………………………………… (12)
六、放荡不羁 ……………………………… (13)
七、非驴非马 ……………………………… (14)
八、分庭抗礼 ……………………………… (15)
九、荆轲刺秦王 …………………………… (18)
一〇、伍子胥过昭关 ……………………… (22)

一二、诸葛亮隆中对 …………………… (25)

一三、吕蒙计夺荆州 …………………… (27)

一四、曹操割发 ………………………… (29)

一五、甚嚣尘上 ………………………… (29)

一六、风吹草动 ………………………… (31)

一七、奉若神明 ………………………… (33)

一八、夫子自道 ………………………… (34)

一九、姜维计挫魏军 …………………… (35)

二〇、高允的诚实品格 ………………… (36)

二一、顺水推舟 ………………………… (39)

二二、王允斗智 ………………………… (41)

二三、窦建德断案 ……………………… (43)

二四、洗夫人送礼 ……………………… (47)

二五、宋子初借刀杀人 ………………… (50)

第七章 揣 篇

揣篇第一 ………………………………… (63)

　一、明察秋毫 ………………………… (65)

　二、死有余辜 ………………………… (67)

　三、隋珠弹雀 ………………………… (69)

目 录

四、贪天之功 …………………………………… (70)

五、浮家泛宅 …………………………………… (72)

六、浮阳之鱼 …………………………………… (72)

七、郑国贤相子产 ……………………………… (73)

八、魏无知答汉王 ……………………………… (79)

九、晋侯派遣郤克 ……………………………… (81)

一〇、三家分晋 ………………………………… (83)

一一、攻心为上，攻城为下 …………………… (85)

一二、郦食其说沛公 …………………………… (86)

一三、天无二日 ………………………………… (90)

一四、网开三面 ………………………………… (91)

一五、符艾相争 ………………………………… (92)

一六、付之一炬 ………………………………… (93)

一七、傅粉施朱 ………………………………… (94)

一八、刚愎自用 ………………………………… (95)

一九、高阳酒徒 ………………………………… (98)

二〇、曹操巧施离间计 ………………………… (99)

二一、赵子龙开营疑敌 ………………………… (101)

二二、张飞饮酒计 ……………………………… (102)

二三、根深蒂固 ………………………………… (104)

3

二四、挂牛头卖马肉 …………………… (105)

二五、过河拆桥 ………………………… (106)

二六、过江之鲫 ………………………… (113)

二七、海屋添筹 ………………………… (114)

二八、好好先生 ………………………… (115)

二九、司马懿韬光养晦 ………………… (116)

三〇、遥制朝政的尔朱荣 ……………… (127)

三一、恭圣仁烈杨皇后 ………………… (134)

三二、韩世宗投鼠忌器 ………………… (137)

三三、庄宗问郭崇韬 …………………… (140)

三四、海瑞谏皇帝 ……………………… (142)

揣篇第二 ………………………………… (147)

一、伍员秦庭之哭 ……………………… (149)

二、三家灭智 …………………………… (151)

三、荆轲献计 …………………………… (157)

四、自食其果的春申君 ………………… (159)

五、汉高祖逐鹿中原 …………………… (160)

六、真假张飞擒严颜 …………………… (161)

七、张飞疑兵阻敌 ……………………… (163)

八、荀彧料事如神 ……………………… (164)

九、为鸦伸冤……………………………（165）

一〇、乌合之众……………………………（166）

一一、贪污勒索……………………………（167）

一二、天罗地网……………………………（171）

一三、田父得玉……………………………（173）

一四、司马光二次上书……………………（174）

一五、谢安拒官……………………………（175）

一六、打破鬼例……………………………（178）

一七、免官的张华…………………………（179）

一八、忠诚的戈谦…………………………（181）

一九、神明县令断案………………………（184）

揣篇第三……………………………………（188）

一、夫差的目的……………………………（190）

二、平定鲁国………………………………（193）

三、范睢直上青云…………………………（199）

四、周朝灭国………………………………（200）

五、揣摩魏廷的杨仪………………………（203）

六、都将审问史建塘………………………（205）

七、依顺迎合的封伦………………………（207）

八、诸葛亮妙计劫粮………………………（209）

九、张飞用计擒刘岱 ……………………………（210）
一〇、曹操用兵如神 ……………………………（211）
一一、李世民的气度 ……………………………（213）
一二、先斩后奏 …………………………………（215）
一三、有天没日 …………………………………（216）
一四、田骈不宦 …………………………………（217）
一五、党同伐异 …………………………………（218）
一六、同恶相助 …………………………………（219）

第八章 摩 篇

摩篇第一 ……………………………………………（223）
一、范雎出使秦国 ………………………………（225）
二、吕相断绝秦国 ………………………………（230）
三、作为人质的太子 ……………………………（234）
四、张唐听信甘罗 ………………………………（238）
五、庄辛劝说楚襄王 ……………………………（239）
六、伍奢隐藏真相 ………………………………（242）
七、将帅王杰上疏 ………………………………（244）
八、刘延寿见戎王 ………………………………（247）
九、言辞激奋的周敬心 …………………………（249）

一〇、罪不容诛……………………………（251）

一一、作法自毙……………………………（252）

一二、同流合污……………………………（253）

一三、为富不仁……………………………（254）

一四、陈琳谏何进…………………………（255）

一五、诸葛将计就计破司马………………（256）

一六、诸葛亮草船借箭……………………（257）

一七、涸泽之蛇……………………………（259）

一八、洪乔之误……………………………（260）

一九、侯门似海……………………………（261）

二〇、后顾之忧……………………………（262）

摩篇第二……………………………………（265）

一、掌握局面的张仪………………………（267）

二、听从意见的魏王………………………（271）

三、宽恕罪行的君王………………………（274）

四、君主的诚信……………………………（277）

第六章 忤合

忤合第二

古之善背向者，乃协四海、包①诸侯，忤合之地而化转之，然后以之求合。

故伊尹②五就汤，五就桀③，而不能有所明，然后合于汤。吕尚④三就文王、三入殷，而不能有所明，然后合于文王。此知天命之钳，故归之不疑也。

非至圣达奥，不能御世；不劳心苦思，不能原事；不悉心见情，不能成名；材质不惠⑤，不能用兵；忠实无真，不能知人。

故忤合之道，己必自度材能知睿，量长短、远近孰不如，乃可以进、乃可以退；乃可以从，乃可以横。

【注释】

①包：容纳。

②伊尹：传说中的商朝贤相，因佐商汤灭夏桀名

世。《孟子·告子告篇》:"五就汤、五就桀者,伊尹也。"

③桀:名履癸,夏朝暴君,为商汤所败,夏朝因之灭亡。

④吕尚:辅弼武王灭商建周,封于齐,是齐国的始祖。姜姓,吕氏,名望。尚,一本作"望"。

⑤惠:通慧。

【译文】

古代善实施忤合之术的人,能够协调天下各种势力,包举天下诸侯,在或者相违背或者相和合的不同地方变化转动,然后选择明君,与他合作共事。

所以,伊尹曾五次辅佐商汤,又五次辅佐夏桀。然后才决定辅佐商汤夺取天下。吕尚曾三次辅佐他成就霸业。这是他们能知天命,所以就毫不怀疑地归附明主。

如果不能像圣人那样品行高尚,通达高深的道理,就不能立身处世,治理天下。不能聚精会神地苦苦思索,就不能探究事物的本来面目。不能尽心全力地去观察事物实情,就不能功成名就。如果自己才能气质不佳,不够聪明,就不能用兵;为人忠厚朴实没有真知灼见,就不能真正了解人。

第六章 忤合

所以要用"忤合之术",自己必须估量一下自己的才能智慧,衡量一下自己的长处和短处,看哪方面他人不如自己,然后才可以决定自己是从政,还是隐退,才可以决定是采取合纵还是连横的策略。

【感悟】

客观事物变化多端,要尊重客观,从实际出发,对时势作深刻的分析,同时要突破常规思维,随机应变,清醒地估量自己的长短优势,只有这样才能进退自如地运用忤合之术。

【故事】

一、爱国的屈原

战国时代,称雄的秦、楚、齐、燕、赵、韩、魏七国,争城夺地,互相杀伐,连年不断混战。那时,楚国的大诗人屈原,正当青年,为楚环王的左徒官。他见百姓受到战争灾难,十分痛心。屈原立志报国为民,劝怀王任用贤能,爱护百姓,很得怀王的信任。

那时西方的秦国最强大,时常攻击六国。因此,屈原亲自到各国去联络,要用联合的力量对付秦国。怀王十一

年,屈原的外交成功了。楚、齐、燕、赵、韩、魏六国君王齐集楚国的京城郢都,结成联盟,怀王成了联盟的领袖。联盟的力量,制止了强秦的扩张。屈原更加得到了怀王的重用,很多内政、外交大事,都凭屈原作主。

因而,楚国以公子子兰为首的一班贵族,对屈原非常嫉妒和忌恨,常在怀王面前说屈原的坏话。说他夺断专权,根本不把怀王放在眼里。挑拨的人多了,怀王对屈原渐渐不满起来。秦国的间谍把这一情况,报告秦王,秦王早想进攻齐国,只碍着六国联盟,不敢动手,听到这个消息,忙把相国张仪召进宫来商量。张仪认为六国中间,齐楚两国最有力量,只要离间这两国,联盟也就散了。他愿意趁楚国内部不和的机会,亲自去拆散六国联盟。

秦王大喜,准备了金银财宝,交给张仪带去。张仪将相印交还秦王,伪装辞去秦国相位,向楚国出发。张仪到了郢都,先来拜访屈原,说起了秦国的强大和秦楚联合对双方的好处,屈原说:"楚国不能改变六国联盟的主张。"

张仪告诉子兰:"有了六国联盟,怀王才信任屈原,拆散了联盟,屈原就没有什么可怕了。"子兰听了,十分高兴。楚国的贵族就和张仪连成一气。子兰又引他拜

第六章 怀合

见了怀王最宠爱的王后郑袖，张仪把一双价值万金的白璧，献给了郑袖。那白璧的宝光，把楚国王后的眼睛都照花了。郑袖欣然表示，愿意帮助他们促成秦楚联盟。大家认为："要秦楚联合，先要拆散六国联盟；要拆散联盟，先要怀王不信任屈原。"

子兰想了一条计策：就说屈原向张仪索取贿赂，由郑袖在怀王面前透出这个风声。张仪布置停当，就托子兰引见怀王。他劝怀王绝齐联秦，列举了很多好处。最后道："只要大王愿意，秦王已经准备了商于地方的六百里土地献给楚国。怀王是个贪心的人，听说不费一兵一卒，白得六百里土地。如何不喜。回到宫中，高兴地告诉了郑袖。郑袖向他道喜，可又皱起眉头："听说屈原向张仪要一双白璧未成，怕要反对这事呢！"怀王听了，半信半疑。后子兰等人又进谗言，使得怀王对屈原产生了怀疑，并且将屈原流放。

屈原到了楚国云梦地方，看见当地百姓正在追悼在战争中阵亡的将士。屈原十分感动，停下车进去参拜。他立在神位面前诵读他所做的《国殇》诗，悼念为国牺牲的战士。念到沉痛的地方，百姓都流下泪来，屈原也放声痛哭。屈原走了几天，忽听传说：张仪又到郢都来

了。他不禁连连跺脚，日夜兼程，向郢都赶去。

子兰、靳尚听见屈原回来了，连忙来报告王后郑袖。他们都怕屈原再回郢都，让他留在怀王面前，日久总是大患。这夜，郑袖就向怀王哭诉："屈原在云梦地方对百姓说，那些阵亡的，都是我向大王进言而冤死的。这回他回来，要替冤死的伸冤报仇。"怀王听了大怒："他敢这样？简直是疯了！"郑袖趁机进谗："是疯了！不是疯了怎会对百姓说这样放肆的话？我怕见他！他要在郢都，就让我到江南去！"

屈原到了流放的陵阳地方，日夜心烦意乱。他知道楚国定有灾难："但是我怎能为了逃避灾难，离开出生的地方，到处乱撞呢？"屈原考虑了几天，觉得楚国一片黑暗，闷得气也难喘，因此决定出国去走一遭儿。走了几天，到了楚国的边境，他又踌躇起来。

他的马悲哀地嘶叫着，马夫也回头望着楚国叹气。屈原不禁激动地说："对，我们是楚国人、楚国马，死也要死在楚国的土地上！"他回到陵阳住了九年，既没有回郢都的希望，又听到楚国的局面越来越坏。每个传来的消息都使他坐立不安。他想起怀王是因为拒绝割让黔中才死在秦国的，决意到这块地方去看看，来到黔中

第六章 忤合

郡溆浦地方住了下来。爱国的火焰在他心里燃烧,可自己又无能为力。他只能每天在山边湖旁踱着。

满腹的忧愁愤恨,他都写成了诗篇。他越来越老了,但是复兴楚国的希望,却一天也没有熄灭过。顷襄王二十一年,一个晴天霹雳般的消息把他击昏了:秦将白起进攻楚国,占领郢都,楚国的宗庙和陵墓都被毁了。楚国要亡了!他决定回到郢都去死在出生的土地上。他头也不梳,脸也不洗,昏昏沉沉的走了几天,到了汨罗江边。他在清澈的江水里看见了自己的满头白发,心里像波浪一样翻腾起来。

联盟给小人破坏了,楚国受到了危险,百姓遭到了灾殃。屈原在江边踱着。他怀念郢都,怀念百姓,憎恨敌人,憎恨奸邪,决心用自己的生命去警告卖国的小人,激发全国百姓的爱国赤忱。这里的土地没被秦兵践踏过,是干净的。他解下衣服,包着江边的石头,用带子紧紧缚在自己身上。奋力向江心一跳。爱国诗人带了楚国的干净石块,很快沉了下去。这天是五月五日。屈原死后,百姓敬重他,哀悼他。因为他是和危害楚国的小人奋斗到死的,所以到了他的忌日,百姓们就挂起昌蒲剑,喝着雄黄酒。预防奸邪的侵害。

二、逐鹿中原

"逐鹿中原"是从故事中"秦失其鹿,天下共逐之"一语演变而来的。人们用这个典故形容国乱无主,群雄争夺天下。

此典出自《史记·淮阴侯列传》:"秦失其鹿,天下共逐之,于是高材疾足者先得焉。"

公元前196年,西汉巨鹿郡郡守陈豨在大将韩信的支持下自立为代王,举兵叛乱。汉高祖刘邦亲自率兵攻打陈豨,吕后用计杀死了韩信。

刘邦从征伐陈豨的军营中归来,到洛阳后,听说韩信已死,一边为除掉韩信而高兴,一边为他以往的功绩怜惜。刘邦问道:"韩信死的时候,说过什么话吗?"吕后回答说:"韩信死前,说他悔恨自己没有采纳蒯通的计策。"刘邦说:"蒯通是齐国有名的辩士。"他下令齐国逮捕蒯通。蒯通被抓来以后,刘邦问他说:"你叫淮阴侯韩信造反吧?"蒯通回答道:"是的,我一再要求他造反,只是他不采纳我的建议,以致落了个灭亡的下场。假如这小子采用了我的建议,您怎能杀得了他呢?"

刘邦大怒,说:"来人,把蒯通烹了!"蒯通说:"唉,如果烹了我,那真是太冤枉人了!"刘邦觉得很奇怪,问道:"你叫韩信造反,罪不容诛,有什么冤枉的呢?"蒯通回答说:"秦朝政权解体,东部各地大乱,各色人等同时起义,豪杰之士像乌鸦那样聚到一起。秦王丢掉了帝位,天下的人都起来追求它,本领大而脚又快的人先得到了。人们常说,'盗跖的狗向贤明君主尧狂吠,并不因为尧不仁德,而是由于他不是狗的主人。'当我为韩信出谋划策的时候,我心里只为韩信着想,并没有为你着想。况且,天下许多人都磨快了刀想像你这样去争夺政权,只是力量薄弱罢了。难道你可以把他们全部烹杀了吗!"刘邦听了,理屈词穷,只好对部下说:"算了,放了他吧!"为此,饶恕了蒯通的罪过。

三、伤风败俗

"伤风败俗"比喻败坏社会风俗。

此典出自唐代韩愈《昌黎先生集·论佛骨表》:"伤风败俗,传笑四方。"

唐代时,因为最高统治者亲眼看到农民是怎样起来

把隋朝打垮的,因此在自己实施统治时,除了加强国家机器外,尤其要注意加强思想意识方面的教化。佛教,受到了很大的重视。遇到国家的重要节日庆典,经常召儒、释、道三教讲论于殿、庭,也经常利用佛、道在街道上作通俗讲演。那时还调用国家的人力财力,帮助一些有成就的僧人到处建寺、度僧。可是,这种敬佛、尊佛的风气,也遭到一些人的反对。因此,极力反对佛教的流传。文学家韩愈就是这些人中的一个。

元和十四年(公元819年),唐宪宗李纯把陕西凤翔法门寺的一块所谓佛骨迎入宫中供养。韩愈反对这种做法,并写了《论佛骨表》对宪宗提出了劝谏。表中说:大量历史事实已经证明,信佛的帝王没有什么好下场。现在迎佛骨,王公士庶奔走舍施,十分浪费财资。唐宪宗看了这个奏表,非常生气,并且将韩愈贬为潮州刺史。

四、上下其手

"上下其手"比喻玩弄手段,使用伎俩,共同作弊。此典出自《左传·襄公二十六年》:"楚子、秦人

第六章 忤合

侵吴,及零娄,闻吴有备而还。遂侵郑。五月,至于城麇。郑皇颉戍之,出,与楚师战,败。穿封戌囚皇颉。公子围与之争之,正于伯州犁。伯州犁曰:'请问于囚。'乃立囚。伯州犁曰:'所争,君子也,其何不知?'上其手,曰:'夫子为王子围,寡君之贵介弟也。'下其手,曰:'此子为穿封戌,方城外之县尹也。谁获子?'囚曰:'颉遇王子,弱焉。'"

这段话意思是:

楚襄王二十六年,楚国出兵侵略郑国。那时楚国强大,弱小的郑国根本没有能力抵抗。最终,郑国遭遇到战败的厄运,连郑王颉也被楚将穿封戌俘虏了。等到战事结束后,楚军中有楚王弟子公子围,想冒领俘获郑颉的功劳,说郑王颉是由他俘获的,至此穿封戌和公子围发生争执,相互都不肯让步,一时没有办法能够解决。后来,他们便请伯州黎作公证人,判定这是谁的功劳。伯州黎的解纷办法本是很公正的,他坚持要知道这是谁的功劳,最好是问被俘的郑王。于是命人带来了郑王颉,伯州黎便向他说明原委,接着手伸二指,用上手指代表楚王弟公子围,用下手指代表楚将穿封戌,然后问他是被谁俘获的。郑王颉因被穿封戒俘虏,很是恨他,

 鬼谷子

便指着上手指,表示是被公子围所俘虏,于是,伯州黎便判定这是公子围功劳。

五、申公巫

"申公巫臣"比喻那些满嘴仁义道德、一肚子男盗妇娼的伪君子。

此典出自《新序·杂事第一》。

楚庄王替陈灵公复仇,便杀掉了夏徵舒,得到了郑国美女夏姬,企图把她据为己有。申公巫臣极力谏阻:"这个女人惑乱了陈国,败坏了它的群臣,这样下贱的女人一定不要亲近。"庄王听从了他的劝告。

没过多久,令尹又想娶夏姬,申公巫臣再次慷慨陈词,晓以利害,令尹也被说服了,夏姬最后被襄尹娶走。

直到楚恭王时,楚晋交战,大战于鄢陵。楚国兵败,襄尹战死,尸体被晋国掳去,楚国虽然多次与晋国交涉,晋国拒不交还。于是,夏姬请求去晋国讨还丈夫尸体。

就在派遣夏姬的时候,恰好申公巫臣将出使齐国,

他暗中劝说夏姬与他合谋。等到夏姬启程后，申公巫臣便忘掉了使命，中途逃跑了，随夏姬一起去了晋国，最后二人结为了夫妇。

六、放荡不羁

这个典故比喻一个人行动随便，不受约束。

此典出自《晋书·王长文传》："王长文……少以才学知名，而放荡不羁，州府辟命皆不就。"

晋代时，有一个叫王长文的人，字德睿，广汉睿（今四川中江东南）人。王长文自幼勤奋好学，少以才学知名。但他性格孤僻，放荡不羁，对州府的征召都不怎么服从。有一次州里召他为别驾，他便穿了件普通的衣服偷偷地溜掉了，全州的人都不知道他去了哪里。刺史知道他不屈就官府，便赠以厚礼。后来王长文闭门不出，也不与人交往，专心致志地著书。他摹仿《周易》写了四卷书，起名叫《通玄经》，当时的人都把这本书比为汉代扬雄著的《太玄经》。

太康中叶，四川发生了大饥荒，官府开仓借粮。因为王长文平时就一贫如洗，所以借得粮食很多，但又无

力偿还，郡里就把他送到州里想处罚他。刺史徐干知道王长文的为人，就没有让他还账，谁知道王长文连谢都不谢就扬长而去了。

王长文的行为，的确有点不受约束的味道。因此《晋书》说他"放荡不羁"。

七、非驴非马

"非驴非马"形容一件事物的不伦不类。

此典出自《汉书·西域传下》："后数来朝贺，乐汉衣服制度。归其国，治宫室，作徼道周卫，出入传呼，撞钟鼓，如汉家仪。外国胡人皆曰：'驴非驴，马非马，若龟兹王，所谓骡也。'"

汉朝时，中国幅员辽阔；东至朝鲜北部，西到新疆，南达越南，北抵蒙古，声势极其显赫。当时，西域有一个龟兹国，国王绛宾于汉元康元年到京都长安来朝，在长安居住了一年多。后来又曾数次来朝贺，每次来到，看见汉朝官吏的服饰如此华丽，皇帝的宫廷如此宏伟，仪仗制度如此威严，都觉得非常有趣。回国后，便仿照长安的皇宫，建了一座宏大宫殿；把宫内划分禁区,派禁卫军巡逻;出入有华丽的马车,用竹钟击鼓来传呼;总之,一切都依照汉朝的礼仪。西域其他国家的人,看不惯这种样子,大家都在背后说:"驴又不像驴,马又不像马,这个龟兹国王可以说是骡了。"

八、分庭抗礼

成语"分庭抗礼"原意是宾客和主人分别站在庭中两侧,相对行礼,以平等地位相待。后来人们用这句成语比喻彼此不分上下、平起平坐或互相对立。

此典出自《庄子·渔父》:"子路旁车而问曰:'由得为役久矣,未尝见夫子遇人如此其威也。万乘之主,千乘之君,见夫子未尝不分庭伉礼,夫子犹有倨敖之容。今渔父杖拿逆立,而夫子曲要磬折,言拜而应,得无太甚乎?门人皆怪夫子矣,渔人何以得此乎?'"

有一天,孔子带领他的弟子们在树林中休息。弟子读书,孔子弹琴。孔子一曲还没有弹完,忽然从河里驶过一条船来,从船上走下一位须眉全白的老渔父。老渔父走上河岸,坐在树林的另一头,侧耳倾听孔子的演奏。等到孔子弹完了一支曲子,他把子贡和子路招到他

 鬼谷子

面前,问道:

"这位弹琴的人是谁呀?"

"是我们的先生,鲁国的君子孔子呀!"子路大声回答他,子贡又补充说:

"他就是性服忠信、身行仁义,上以忠世主,下以化于黎民,当今闻名于各国的孔圣人啊!"

"哦,是这样。"渔父微微一笑,"恐怕是危忘真性,偏行仁爱呀……"说完,转过身朝河岸走去。

子贡急忙把这位渔父的话转告了孔子,孔子放下琴,猛地站起来,惊喜地说:"这位是圣人呀,赶快去追他!"

孔子急忙赶到河边,渔父正要划船离岸,孔子恭敬地向他拜了两拜,说:

"我从小读书求学,到如今已经六十九岁了,还没有听过高深的教导,怎敢不虚心地向您请教呢?"

渔父也不客气,走下船来,慢悠悠地对孔子讲:

"真者,精诚所至也。不精不诚,不能动人,故强哭者虽悲不哀,强怒者虽严不威,真亲未笑而和。真在内者,神动于外,是所以贵真也。其用于人理也,事亲则慈孝,事君则忠贞,饮酒则欢乐,处丧则悲哀……"

第六章 忤合

孔子听得津津有味，不住地点头。孔子卑谦地对渔父说：

"遇见先生真是我的荣幸，我愿意做您的学生，得到您的教导，请告诉我您的住址行吗？"

渔父没有告诉他住在哪里，跳上小船，独自划船走了。这时颜渊已把车子拉过来，子路把上车拉的带子递给孔子，但孔子全不在意，两眼注视着渔父的船影，一直到看不见船的影儿，听不见划水的声音，才惆怅地上了车子。

子路看到孔子这出乎寻常的表现，觉得非常不理解，站在车旁问孔子说：

"我跟您驾车子已经很长时间了，还从没见过像渔父这样傲慢的人。就是天子、诸侯、大夫同您见面，也都是分庭抗礼、平起平坐的，而您还带有自尊的神色呢！然而今天那个渔父撑着船篙，一副傲慢的样子，您却弯腰弓背，先拜后说话，是不是太过分了吧？我们几个弟子都对您的举动感到不可思议，您对渔父怎么可以如此恭敬呢？"

孔子听了子路的话，很生气，伏着车木叹口气说：

"子路呀，你真是难以教化呀，你那个鄙拙之心至

鬼谷子

今未改！你靠进一点，我告诉你听：遇年长的人不敬是失礼，遇贤人不尊是不仁，不仁不爱是祸害的根本。今天这位渔父，是懂得大道理的贤人，我怎么能不尊敬他呢？"

子路、子贡和其他弟子们只好听从先生的教导。

九、荆轲刺秦王

秦王政重用尉缭，一心想统一中原，不断向各国进攻。他拆散了燕国和赵国的联盟，使燕国丢了好几座城。燕国的太子丹原来留在秦国当人质，他见秦王政决心兼并列国，又夺去了燕国的土地，就偷偷地逃回燕国。他恨透了秦国，一心要替燕国报仇。但他既不操练兵马，也不打算联络诸侯共同抗秦，却把燕国的命运寄托在刺客身上。他把家产全拿出来，找寻能刺秦王政的人。

后来，太子丹物色到了一个很有本领的勇士，名叫荆轲。公元前230年，秦国灭了韩国；过了两年，秦国大将王翦占领了赵国都城邯郸，一直向北进军，逼近了燕国。燕太子丹十分焦急，就去找荆轲。要他去刺杀秦

第六章 忤合

王。荆轲说:"行是行,但要挨近秦王身边,必定得先叫他相信我们是向他求和去的。听说秦王早想得到燕国最肥沃的土地督亢(在河北涿县一带)。还有秦国将军樊於期,现在流亡在燕国,秦王正在悬赏通缉他。我要是能拿着樊将军的头和督亢的地图去献给秦王,他一定会接见我。这样,我就可以对付他了。"

荆轲知道太子丹心里不忍,就私下去找樊於期,跟樊於期说:"我有一个主意,能帮助燕国解除祸患,还能替将军报仇,可就是说不出口。"樊於期连忙说:"什么主意,你快说啊!"荆轲说:"我决定去行刺,怕的就是见不到秦王的面。现在秦王正在悬赏通缉你,如果我能够带着你的头颅去献给他,他准能接见我。"樊於期说:"好,你就拿去吧!"说着,就拔出宝剑,抹脖子自杀了。

太子丹事前准备了一把锋利的匕首,叫工匠用毒药煮炼过。谁只要被这把匕首刺出一滴血,就会立刻气绝身死。他把这把匕首送给荆轲,作为行刺的武器,又派了个年才十三岁的勇士秦舞阳,做荆轲的副手。

公元前227年,荆轲从燕国出发到咸阳去。太子丹和少数宾客穿上白衣白帽,到易水(在今河北易县)边

送别。临行的时候,荆轲给大家唱了一首歌:"风萧萧兮易水寒,壮士一去兮不复还。"大家听了他悲壮的歌声,都伤心得流下眼泪。荆轲拉着秦舞阳跳上车,头也不回地走了。

　　荆轲到了咸阳。秦王政一听燕国派使者把樊於期的头颅和督亢的地图都送来了,十分高兴,就命令在咸阳宫接见荆轲。朝见的仪式开始了。荆轲捧着装了樊於期头颅的盒子,秦舞阳捧着督亢的地图,一步步走上秦国朝堂的台阶。秦舞阳一见秦国朝堂那副威严样子,不由得害怕得发起抖来。秦王政左右的侍卫一见,吆喝了一声,说:"使者干么变了脸色?"荆轲回头一瞧,果然见秦舞阳的脸又青又白,就赔笑对秦王说:"粗野的人,从来没见过大王的威严,免不了有点害怕,请大王原谅。"秦王政毕竟有点怀疑,对荆轲说:"叫秦舞阳把地图给你,你一个人上来吧。"荆轲从秦舞阳手里接过地图,捧着木匣上去,献给秦王政。秦王政打开木匣,果然是樊於期的头颅。秦王政又叫荆轲拿地图来。荆轲把一卷地图慢慢打开,到地图全都打开时,荆轲预先卷在地图里的一把匕首就露出来了。秦王政一见,惊得跳了起来。荆轲连忙抓起匕首,

第六章 忭合

左手拉住秦王政的袖子，右手把匕首向秦王政胸口直扎过去。秦王政使劲地向后一转身，把那只袖子挣断了。他跳过旁边的屏风，刚要往外跑。荆轲拿着匕首追了上来，秦王政一见跑不了，就绕着朝堂上的大铜柱子跑。荆轲紧紧地逼着。两个人像走马灯似地直转悠。旁边虽然有许多官员，但是都手无寸铁；台阶下的武士，按秦国的规矩，没有秦王命令是不准上殿的，大家都急得六神无主，也没有人召台下的武士。官员中有个伺候秦王政的医生，叫夏无且，急中生智，拿起手里的药袋对准荆轲扔了过去。荆轲用手一扬，那只药袋就飞到一边去了。就在这一眨眼的工夫，秦王政往前一步，拔出宝剑，砍断了荆轲的左腿。荆轲站立不住，倒在地上。他拿匕首直向秦王政扔过去。秦王政往右边只一闪，那把匕首就从他耳边飞过去，打在铜柱子上，"嘣"的一声，直迸火星儿。秦王政见荆轲手里没有武器，又上前向荆轲砍了几剑。荆轲身上受了八处剑伤，自己知道已经失败，苦笑着说："我没有早下手，本来是想先逼你退还燕国的土地。"这时候，侍从的武士已经一起赶上殿来，结果了荆轲的性命。台阶下的那个秦舞阳，也早就给武士们杀了。

一〇、伍子胥过昭关

在诸侯大国争夺霸权的斗争中,大国兼并小国,扩张了土地。可是大国的诸侯不得不把新得到的土地分封给立了功的大夫。大夫的势力大了起来。他们之间也经常发生斗争。大国国内的矛盾尖锐起来,都想把争夺霸权的战争暂时停止下来。

为了这个缘故,宋国大夫向戍在晋、楚两国之间奔走,做调停人。

公元前546年,晋楚两国和其他几个国家,在宋国举行了"弭兵会议"(弭兵就是停止战争)。在这次会议上,晋国的大夫和楚国的大夫代表南北两个集团讲了和,订了盟约。规定除齐、秦两个大国外,各小国都要向晋、楚两国同样朝贡。晋楚两国平分霸权,以后五十多年里,没发生大的战争。

到楚庄王的孙子楚平王即位之后,楚国渐渐衰落了。公元前522年,楚平王要把原来的太子建废掉。这时候,太子建和他的老师伍奢正在城父(在河南襄城西)镇守。楚平王怕伍奢不同意,先把伍奢叫来,诬说

第六章　吻合

太子建正在谋反。

伍奢说什么也不承认，立刻被关进监狱。

楚平王一面派人去杀太子建，一面又逼伍奢写信给他的两个儿子伍尚和伍子胥，叫他们回来，以便一起除掉。大儿子伍尚回到郢都（今湖北江陵西北），就跟父亲伍奢一起，被楚平王杀害。太子建事先得到风声，带着儿子公子胜逃到宋国去了。

伍奢的另一个儿子伍子胥，也从楚国逃出来，他赶到宋国，找到了太子建。不巧宋国发生内乱，伍子胥又带着太子建、公子胜逃到郑国，想请郑国帮他们报仇。可是郑国国君郑定公没有同意。

太子建报仇心切，竟勾结郑国的一些大臣想夺郑定公的权，被郑定公杀了。伍子胥只好带着公子胜逃出郑国，投奔吴国（都城在今江苏苏州）。

楚平王早就下令悬赏捉拿伍子胥，叫人画了伍子胥的像，挂在楚国各地的城门口，嘱咐各地官吏盘查。

伍子胥带着公子胜逃出郑国后，白天躲藏，晚上赶路，来到吴楚两国交界的昭关（在今安徽含山县北）。关上的官吏盘查得很紧。传说伍子胥一连几夜愁得睡不着觉，连头发也愁白了。幸亏他们遇到了一个好心人东

皋公,同情伍子胥,把他接到自己家里。东皋公有个朋友,模样有点像伍子胥。东皋公让他冒充伍子胥过关。守关的逮住了这个假伍子胥,而那个真伍子胥因为头发全白,面貌变了,守关的认不出来,就被他混出关去。

伍子胥出了昭关,害怕后面有追兵,急忙往前跑。前面是一条大江拦住去路。伍子胥正在着急,江上有个打鱼的老头儿划着一只小船过来,把伍子胥渡过江去。

过了大江,伍子胥感激万分,摘下身边的宝剑,交给老渔人,说:"这把宝剑是楚王赐给我祖父的,值一百两金子。

现在送给你,好歹表表我的心意。"

老渔人说:"楚王为了追捕你,出了五万石粮食的赏金,还答应封告发人大夫爵位。我不贪图这个赏金、爵位,难道会要你这宝剑吗?"

伍子胥连忙向老渔人赔礼,收了宝剑,辞别老渔人走了。

伍子胥到了吴国,吴国的公子光正想夺取王位。在伍子胥帮助下,公子光杀了吴王僚,自立为王。这就是吴王阖闾。

吴王阖闾即位之后,封伍子胥为大夫,帮助他处理国家大事；又用了一位将军孙武，是个善于用兵的大军事家。吴王依靠伍子胥和孙武这两个人，整顿兵马，先兼并了临近几个小国。

公元前506年，吴王阖闾拜孙武为大将，伍子胥为副将，亲自率领大军，向楚国进攻，连战连胜，把楚国的军队打得一败涂地，一直打到郢都。

那时，楚平王已经死去，他的儿子楚昭王也逃走了。伍子胥恨透了楚平王，刨了他的坟，还把平王的尸首挖出来狠狠鞭打了一顿。

一二、诸葛亮隆中对

十四岁的诸葛亮带着年幼的弟弟跟随着叔父来到豫章。可是不久，诸葛玄辞掉官职，带着诸葛亮兄弟投靠了荆州的刘表。叔父死后，诸葛亮不愿寄人篱下，于是就在建安二年（公元197年）来到荆州襄阳（今湖北襄阳）的隆中地方居住。建安十七年（公元207年），刘备三顾茅庐，在隆中会见了诸葛亮，向他请教治国平天下的大计。诸葛亮被刘备礼贤下士的行为感动了，详尽地分析了天下形势，把自己早已制定好的计划和盘托

出。他说:"自从董卓作乱以来,四方豪杰同时起事,跨州连郡,称雄数不胜数。曹操和袁绍相比,名望较小,人马又少,然而曹操竟能击败袁绍,转弱为强,这不仅靠的是机会,也有赖于人的计谋。现在曹操已经拥有百万大军,挟制着皇帝,以皇帝的名义发号施令,孙权割据长江下游一带,已历经三代。那里地势险要,民众依附,有才能的人都愿意为他效劳,我们只能和他相互支援,而不可进攻他。荆州北据汉水、沔水,向南直到海边的物资都可被它利用,其地东连吴郡、会稽,西通巴郡、蜀郡,这里是用兵的好地方。可是,它的主人刘表却没有能力守住它,这可能是上天有意要把这块地方留给将军,不知将军您是否有这个意图?益州地势险要,易于防守,沃野千里,是名副其实的天府之国,汉高祖刘邦就是凭借这个地方建立起汉朝基业的。而据守益州的刘璋昏庸软弱,北边的张鲁同他也有矛盾。益州虽有众多的人口和富饶的资源,可是刘璋不懂得爱惜民力,那里的有识之士都希望得到一个贤明的君主。将军您是汉朝皇室后裔,国人都知道您讲信义,正在广招天下英才,思贤若渴。如果您能够占据荆、益二州,守住天险,与西方的少数民族搞好关系,对南方的少数民族实行安抚政策,对外与孙权结成同盟,对内励精图治,修明政治。只要天下有什么变故,就派一员大将率领荆州的兵马直取南阳、洛阳,您则亲自统率益州的兵马出师秦川(今陕、甘一带),进取长安,老百姓怎能不热烈欢迎您呢?如果真能做到这样,您就可以建立霸业,复兴汉朝的天下了。"

一三、吕蒙计夺荆州

三国时,刘备据有荆、益两州。孙权向来视荆州为东吴的屏障,早就想将它据为己有。公元217年,镇守陆口的鲁肃病死,孙权便令吕蒙为汉昌太守,代守陆口。吕蒙管辖的地区恰好同刘备义弟关羽管辖的荆州相接。吕蒙素知关羽威猛,并有向外扩张的意图,吴、蜀难以相安,便向孙权建议夺取荆州,以便控制长江,造成对东吴有利的形势。孙权赞同他的建议,命他到陆口上任后伺机夺取荆州。

吕蒙到了陆口,表面上与镇守荆州的关羽倍加友善,以麻痹关羽。关羽对吕蒙起初有所戒备。219年,关羽率军攻打樊城,令南郡太守糜芳守江陵,傅士仁守

公安，目的是防备吕蒙乘机进攻荆州后方。吕蒙知道关羽非等闲之辈，便同陆逊密谋，要孙权将他调回建业，伪称治病，而让名不见经传的陆逊代替他据守陆口。孙权听从了吕蒙的主意。

陆逊接替吕蒙到了陆口后，便依吕蒙之计极谦恭地给关羽写了一封信，盛赞关羽的威名与功德，表示非常敬佩。关羽见名不经传的陆逊对他如此谦恭，便放松了戒备，将守备公安和南郡的兵力都调往樊城前线。

孙权知关羽中计后，立即命吕蒙为先锋，火速率军出击。吕蒙进军到了寻阳后，把精锐部队埋伏于战船内，并让摇橹的都装扮成商人模样，昼夜兼程，占据了汉军设置的各哨卡，然后直抵南郡，傅士仁、糜芳投降了吴军。吕蒙夺取南郡后，严令吴军不得骚扰百姓，所俘汉亲眷都予以抚慰。

关羽得知南郡失守，派使者前去质问吕蒙，吕蒙对关羽的使者给予热情款待，并带领他们探望汉军家属。关羽军中的士卒们从使者那里了解到这些情况后，开始军心涣散，无心恋战。关羽见此，自知难抵吴军，便败走麦城，后被杀身死。所部大都投降了东吴。荆州就这样落入东吴之手。

第六章 忤合

一四、曹操割发

"曹操割发"这个典故比喻执法者应该严守其法。

有一次曹操行军,从麦田旁边经过,下令说:"士兵不得践踏麦子,违犯的要处死。"

骑士都下马走在靠近麦田的一边,护着麦子。这时,曹操骑的马忽然跑进了麦地里,他就让军中的军法官给自己定罪。军法官的回答是:"刑法不能施加在尊者身上。"

曹操说:"我自己制定了军法却自己违反了,以后拿什么来号令部下呢?我是全军的统帅,我自己处刑吧!"

于是他就拔剑割下头发放在了地上。

一五、甚嚣尘上

"甚嚣尘上"本指军中人声喧哗,尘土飞扬,后世比喻敌人反动言论十分嚣张。

此典出自《左传·成公十年》:"楚子登朝车以望晋军,子重使太宰伯州犁侍于王后。王曰:'将发命也,甚嚣,且尘上矣。'"

 鬼谷子

春秋时，郑国与楚国结为同盟，对北方的晋国构成了严重的威胁。晋国为了自身的利益，首先出动军队，向较弱的郑国发动进攻。楚共王得知这一消息后，马上率领楚军北上援救，最终晋楚两军在鄢陵相遇，爆发了一场激烈的战斗。

战斗开始之前，楚共王亲自登上战车观察敌军的情况，曾任晋国大夫后来逃到楚国的伯州犁站在侧边。当楚共王看到晋军来来去去，左右奔驰时，便回头问伯州犁说："这是为什么？"伯州犁对晋军的情况了如指掌，就回答道："这是召集军中的将领。"接着，他将观察到的晋军的活动一一告诉楚共王：现在晋军大营的帷幕拉开了，一定是祷告祖先。帷幕又降下了，肯定是在发布命令。哎呀，尘土满天，一片喧嚣之声（"甚嚣，且尘上矣"），一定是晋军在堵塞井口，夷平灶头，准备出去。你看，士兵们登上战车后，又手握兵器从车上下来，那是在请求神灵保佑。

大战开始后，楚共王就身先士卒，勇猛地冲向晋军，不料一支箭从斜刺里射来，正中楚共王的眼睛。他忍住痛，回头喊大将子反代替自己指挥作战，可是连叫了几声居然无人答应。原来子反战前喝醉了酒，这时正

睡在战车中,人事不省。楚共王看后不禁大怒,一箭射死子反,就命令全军撤退了。

一六、风吹草动

"风吹草动"意思是说风稍微一吹,草就摇动。后来则用它比喻轻微的动静或事故。

此典出自《史记·伍子胥列传》:"偷踪窃道,饮气吞声。风吹草动,即便藏形。"

春秋时期,楚国国君楚平王,昏庸荒淫,竟然霸占了自己的儿媳妇。大臣伍奢坚决反对,于是平王恼羞成怒,把他抓了起来,还要他写信命令他在外地的两个儿子回来,准备一起杀掉。

伍奢的大儿子伍尚就约弟弟伍员听从父亲的指示一起去见父亲。伍员是个有见识的武将,他估计此去是凶多吉少,劝哥哥不要上当。伍尚不听弟弟的劝告,结果到了郢都,和父亲一起被杀害了。

楚平王为了斩草除根,就派兵四处追捕伍员,在各个关口都挂了伍员的图像,悬赏捉拿。伍员乔装改扮,投奔吴国。路上,伍员昼伏夜行,历尽艰难困苦,走了

十多天，才接近昭关。昭关形势险要，官兵把守非常严，伍员无法通过。

伍奢的朋友东皋公非常同情伍员的遭遇。他把伍员请到家里，准备帮他出关。但是七天过去了，还是没有找到出关的机会。伍员非常着急，一夜间头发、胡子全变白了。东皋公看到这种情形，忽然想出一个办法，就对伍员说："你的头发、胡子已经变白，守关兵士很难辨认。我的朋友皇甫讷的相貌和你差不多，让他装扮成你的样子，如果他在关口被捉，你便可乘机出关。"于是按照这个办法，伍员混出了关口。

伍员匆忙赶路，来到一条江边，他怕追兵追来，就躲藏在芦苇之中。过了一会儿，见到一只渔船，他急忙喊道："渔父，快来渡我！"伍员上了渔船，渔翁见他举止行为不像一般人，就问他到底是谁。伍员就告诉了他实情，渔翁十分惊讶。

到了对岸，渔翁要他稍等一会，给他找点吃的。伍员等了一会，不见渔翁回来，心中生疑，怕人来捉，又躲到芦苇深处。渔翁取来饭菜，发现伍员不见了，就喊道："芦中人，出来吧，我不会出卖你！"伍员走出来饱餐了一顿，然后解下祖传佩剑送给他。渔翁向他表示，楚王悬高价捉拿伍员，自己都没有贪图，怎能接受宝剑呢？伍员问渔翁姓名，渔翁不图报答，就没有告诉他。伍员叮嘱渔翁，如果有追兵到来，请勿泄露。渔翁见伍员生了疑心，便投江而死，以此消除伍员的疑虑。伍员见此情景悲痛难忍。他只好继续逃亡。后来伍员有了势力，打回楚国，报了杀父之仇。

一七、奉若神明

"奉若神明"比喻对某些人或事物极其尊重。现在多用于贬义。

此典出自《左传·襄公十四年》："爱之如父母，仰之如日月，敬之如神明"；《后汉书·黄琼传》载李固给黄琼的信中作"待若神明"："近鲁阳樊君被征初至，朝廷设坛席，待若神明。"

据《后汉书》记载：东汉时，一些中小地主出身的士人做官的途径，多是通过公府（三公等大官）征聘和郡国荐举。这些人往往以不应官府的征召来抬高自己的身份。每拒绝一次，他们的声望和社会地位便提高一些。封建皇帝为了招揽人才，所以也往往给这些人以很

 鬼谷子

高的待遇。而实际上这些士人中,有很多都是只有虚名却无真才实学的假名士。

汉顺帝时,鲁阳(今河南鲁山县)有一个叫樊英的人,他精通《五经》和术数之学,隐居于壶山(在今河南泌阳县东北)南面。因为他很有名气,所以拜他为师的人很多,官府和一些名士也推荐他。但州郡礼聘,公卿荐举,他都不愿接受。后来,顺帝以礼征召他,无奈之下他才来到京都洛阳,但仍称病不起。顺帝见此,为他专设了坛席,像侍奉神仙一样地对待他,他才不敢再加推辞,后被任命为光禄大夫(官名)。但樊英上任后,能力一般,并没有什么特殊的表现。

"奉若神明"就是尊敬得像迷信的人敬神一样。

一八、夫子自道

"夫子自道"意思是孔夫子的自我表述,本来是子贡颂扬孔子的话。后来,"夫子自道"用来指说别人的缺点,不自觉地道出自己的疼处。

此典出自《论语·宪问》:"君子道者三,我无能焉:仁者不忧,知者不惑,勇者不惧。"子贡曰:"夫子

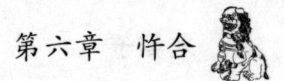

自道也!"

春秋时期,孔子经常结合自己的亲身体会对学生进行教育。一次,孔子说:"君子之道有三个方面,我都没有能做到:仁德的人不忧愁,聪明的人不迷惑,勇敢的人无所畏惧。"听了孔子这番话,学生子贡说:"这正是老师你的自我表述啊!"

一九、姜维计挫魏军

三国后期,姜维兴兵讨伐中原。此时正值司马氏专权魏国,魏帝曹髦不堪忍受司马昭的专横,便与王经等人合谋,想杀掉司马昭。不料走漏了风声,曹髦被杀死,而王经则被灭了九族。司马昭派了一位名叫王瓘的人,诈称是王经的侄子,到蜀军投降。

姜维对王瓘的来到似乎丝毫不存戒心,什么也没说便收留了他。姜维从王瓘所带来的5000人马中分出两千归并入其他各部,其余3000人仍由王瓘统领,而且委以他到川口运送粮草的重任。夏侯霸听说后,急忙赶来劝阻,他说:"王瓘来降,怕是其中有诈"姜维回答说;"我早料到他是诈降,只不过是将计就计罢了。司

鬼谷子

马昭素来奸雄,他杀了王经九族,怎么放心留下他的亲侄在关外统领重兵呢?"

过了不久,姜维派去监视王瓘的人果然捉到了一位魏军奸细,从奸细身上搜出了一封王瓘写给魏大将邓文的信。王瓘在信中与邓艾约定于某天运粮到坛山谷,让邓艾带人前去接迎,然后将粮草运往魏营。姜维斩杀了那位奸细,又把书信中约定的日期作了改动,派得力的亲信送到邓艾手中。邓见信,大喜。

到了那一天,邓艾率领军队到了坛谷口,远远望去,果然有许多粮车。邓艾不知是计,指挥士兵径直向谷里奔来。当邓艾走近粮车时,粮车突然燃起了大火。原来车上装的不是什么粮食,尽是芦苇之类干草。魏军大惊失色,姜维、傅佥等人率众从四处掩杀而来,魏军伤亡十分惨重。邓艾见势不妙,忙翻身下马,混在步兵中逃出蜀军的包围。

二〇、高允的诚实品格

北魏权倾一时的崔浩被收捕的时候,高允正在中书省衙门值班。太子拓拔晃派人叫来高允,让他在自

第六章 忤合

己营中留宿。第二天,让人送他们至皇宫门口,对他说:"呆会儿见了皇上,你看我的眼色行事,如果皇上问你什么,你也听我的。"进宫见了太武帝拓拔焘,太子说高允一直小心谨慎,而且地位也很低,惹您生气的那本国史是崔浩写的,要求太武帝赦免高允。太武帝召高允过来问话:"那本国史都是崔浩写的吗?"高允答:"《太祖记》是前著作郎邓彦海所撰;《先帝记》及《今记》是我和崔浩合写的,而且我写的比崔浩写的还多。"太武帝大怒,说:"你比崔浩罪恶还大,你还有活路吗?"太子赶紧说:"您龙颜大怒,他给吓糊涂了。我此前曾问过他,他说都是崔浩写的。"太武帝问:"真象太子所说的那样吗?"高允说:"我罪该万死,我不能说假话。太子殿下是念在我陪他长期读书的情份上替我向陛下求命。我说的都是真话。"太武帝对太子说:"他很诚实啊!"这是常人难以做到的,他却能至死不移。他对皇上很忠诚,不说假话,这也算是忠贞之臣,即使有罪状,也应赦免一次。"高允竟如此逃过这一灾难。立刻召见崔浩,派人讯问,崔浩惊惶迷乱,答不上来。高允则条分缕析,说得清清楚楚。当时大武帝正在震怒之中,下令高允起草一份诏书,

鬼谷子

崔浩一家,从崔浩到奴仆共一百二十八人皆灭五族。高允迟疑推托,太武帝催他快写,高允便请求见皇上,当面请示一下。见了之后,高允说:"崔浩所犯罪恶极大,死有余辜。但他因为过于直率而得罪皇上,似乎还不至死罪。"太武帝大怒,命卫兵拿下高允。太子请饶过他,大武帝:"你不知道,假若没有这家伙在旁提醒我,恐怕就已经有数千口子人被处死了。"最后仅崔浩一家被灭门,其余则只有本人被处死。宗钦临刑前称赞:"高允是个圣人啊!"

　　后来,太子责怪高允不听自己的,结果惹得皇上大怒,高允解释说:"史书是帝王行动的真实记录,也是后代帝王的鉴戒,借助史书,当代人可以了解过去,以后的人可以了解现在。所以帝王的一举一动,都应该详细记载,这对君王也是一种约束。但崔浩一家几代受皇恩,权倾一时,私欲压倒了其公正之心,个人的爱憎好恶遮蔽了对事理的冷静判断,这是崔浩的过失。至于他在书中详尽记载皇宫朝廷的各种事件,并对国家的政事上的利弊得失发表评论,这是历史学本来的要求,本身并没有错。但我确实是与崔浩共同主持编写工作的,按理对我们的处理不应该有什么不同。确实是靠了殿下的

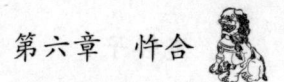

仁慈，才使我得以保全性命，但这毕竟不是我的意思。"太子对他的这种诚实的品格啧啧称叹。

二一、顺水推舟

杏花村有一个叫王林的人，以卖酒为生。老伴死得早，留下一个女儿，名叫满堂娇，年方十八，还没有嫁人。

一天，贼人宋刚和鲁智恩到杏花村喝酒，宋刚自称是梁山泊头领宋江，鲁智恩自称是花和尚鲁智深。王林没有见过宋江和鲁智深，以为他们俩真是梁山上的好汉，便热情接待，并让女儿满堂娇敬酒。

宋刚要讨满堂娇作压寨夫人。鲁智恩对王林说："把你女儿与俺宋公明哥哥作压寨夫人，只借你女儿三天，第四天便送回来。"说着就要把满堂娇带走。

正好李逵也下山游玩，来到王林酒店喝酒，听说宋江和鲁智深抢走了王林的女儿，非常气愤。李逵立即回山与宋江理论。

李逵回到山寨，见了宋江，连忙打恭道："给哥哥道喜！"宋江问道："喜从何来？"李逵道："哥哥不是

鬼谷子

要讨压寨夫人么?"然后指着鲁智深说:"秃儿,这是你做的好事?"鲁智深丈二的和尚摸不着头脑。李逵说:"原来这梁山泊有天无日,我恨不得砍倒这面杏黄旗。"宋江忙说:"你这铁牛,有什么事也不查个明白,就提起板斧来,要砍倒杏黄旗。"吴学究在一旁说道:"山儿,你也忒心直口快了。"宋江说:"山儿,你下山喝酒,遇着了什么人?他们说了我些什么?……"

李逵把事情的原委都说了出来,宋江否认。李逵不相信,便与宋江打赌说:"如果不是你,我愿把这个脑袋输了。"宋江道:"既然这样,就立下军令状,交学究收着。"李逵道:"那怕指天画地能瞒鬼,步线行针待哄谁。"为了弄清问题,宋江、鲁智深和李逵一起下山去找王林。路上,李逵总认为宋江和鲁智深走路太慢,一定是心中有鬼,便道:"让我来给你们逢山开道。"鲁智深说:"山儿,我要你遇水搭桥呢!"李逵道:"你休得顺水推舟,偏不许我过河拆桥。"宋江知道李逵话中有话,便说:"山儿,你记得你上山时,是八拜之交认我做哥哥的吗?"李逵不听这些,只是不停地往前走,不觉来到杏花村王林家。对质的结果,抢王林女儿的果然不是宋江。

宋江回山要杀李逵的头，李逵也无话可说。正在这时，王林来报，那个假宋江，假鲁智深已经送他女儿回来。宋江便说："山儿，你下山抓住那两个贼人，恕你无罪。"李逵听说，连忙谢恩。他说："这是揉到我山儿的痒处了。管叫瓮中捉鳖，手到拿来。"说完，他立即下山把两个贼人捉拿上山。

二二、王允斗智

王允是一位志向远大的人，自幼诵习经传，演练骑射，一心想为朝廷效力。他十九岁当上郡吏、豫州刺吏。

王允被朝廷派去讨伐黄巾起义，一次，打败敌军，搜出一封信件。信件是朝廷中常侍张让写给黄巾起义部将领的，王允将这件事禀报了皇帝，皇帝把张让痛骂了一顿，张让叩头辩解，最后不了了之。因此王允遭到张让的报复，张让借故把他关进牢狱，想治他死罪。

朝廷司徒杨赐，素知王允性情孤傲、清高，受不了严酷的刑法，派人告诉他："现在你栽在张让手上，难以活命，别再受罪了，设法早点结束自己的生命吧！"

一些同僚好友也捧着毒药流着眼泪送给王允。

王允夺过药碗，狠狠地摔在地上，愤然地喊道："我是朝廷的臣子，获罪就应该伏刑以谢天下，岂有自己喝药求死的道理！"

王允面无惧色，走出牢门上了囚车。满朝大臣全都非常同情他。

大将军何进、太尉袁隗、司徒杨赐一块去请求皇帝，免他一死："我等身为朝臣，不敢沉默，王允受朝廷之命诛逆安境，时间还不满期限，就取得很大的成绩，州境安定，功劳显著，本应加爵封赏，而今以奉事不当，受以大刑，恐怕有亏众望，臣等请陛下免他一死，以昭忠贞之心！"

皇帝无奈只好免了王允死罪，第二年才放他出来。当时汉朝廷宦官专横，王允担心又一次遭厄运，就隐姓埋名，迁居到远离京都的地方。

汉献帝即位后，朝廷又封他为太仆、尚书令。他与太将军何进等人，利用美人计收买吕布，借吕布之手杀掉了董卓。除掉董卓以后，王允觉得大患已经被除去，天下就会太平了，就不去考虑下一步的行动，后来被董卓部将杀害。

第六章 忤合

二三、窦建德断案

窦建德迁都洺州以后,奖励耕织,除暴安良,使得洺州大治,广大百姓无不拍手称快,就连地方上的土豪劣绅、地痞流氓也只好规规矩矩。

当时,城里东大街有一名无赖,姓肖,外人送号"肖无赖",从小不干正事,专靠敲诈勒索过日子,百姓既恨他,又怕他,谁也不敢招惹他。自从窦建德到洺州以后,他再也不能胡作非为了,心里很是不满,总想伺机与窦建德为难。

这一天,肖无赖从乡下回来,买回一头耕牛,先故意在大街上炫耀了一番,然后才牵到家里去。到了半夜,肖无赖忽然在大街上大喊大叫起来,说是有人把他的牛偷走了。这一嚷不要紧,别的绅士们也跟着嚷开了,说什么"夏王迁都,该有吉祥之兆,今竟有人乘夜入户盗牛,成了什么世道!"刹时,一传十,十传百,很快传到窦建德耳朵里。他想:自迁都以来,军纪严整,盗贼消迹,百姓安居乐业,今夜为什么又发生盗牛之案?再说,城里人除了经商,多数干些手

工作坊之类的活计,并没有种地的,肖是有名的无赖,一向游手好闲,他买牛干什么?其中必有缘故,于是,他便差人把肖无赖找来,窦建德亲自审问。只见他上身穿着一件兰色绸褂,下身穿一件紫色绢裤,两个眼珠滴溜溜不住四下观看,一点发愁的样子也没有,心里便明白了几分。于是开口问道:"听说你丢了一头牛?"

肖回答:"是的。"

窦建德又问:"什么时候买的?"

肖又回答:"天黑之前。"

"什么时候丢的?"

"半夜之后。"

"什么时候发现的?"

"黎明时刻。"

"什么时候报的案?"

"当即报案。"

窦建德见其对答如流,心里更加清楚,遂又问道:"你发现牛丢了,找过没有?"

"找过,找过,左邻右舍,大街小巷,芦荡苇坑,都找过的。"

第六章　忤合

"那你是先找牛后报案,还是先报案后找牛来着?"

"当然是先找牛后报案……不,不……是先报案后找牛…不,不,不…是,是一边找牛一边报案的。"

这时,窦建德心里已是胸有成竹,于是进一步追问:"你买牛干什么?"

"生犊呀!"

"那不是一头犍牛吗?"

"是呀,犍牛生犊不是正好吗?"

窦建德听了,不禁暗自发笑。他灵机一动,便很有把握地对肖无赖说:"现在我已断定,你的牛并没丢,敢是从你家里跑了出去。你想,你天黑买的牛,夜里丢失,谁家里能藏下偌大一头牛,说不定就在城里苇地中,你回家耐心等待就是了。"临走,窦建德又若无其事地告诉他:"你们城里人不种地,不知道牛不食苇,倘若食苇,就会扎死的,可得当心呀!"只这一句,便吓得肖无赖脸色变黄,头上冒汗,急急忙忙退了出来。

肖无赖回到家里,只觉得六神无主,心里七上八下,坐卧不安。原来,他的牛并不是真的被人偷了,是他故意藏了起来,与窦建德为难。藏在哪里?当时,洺

鬼谷子

州城内有几片苇子地，肖无赖正是把牛藏在苇地里。听窦建德讲"牛不食苇"的道理，心里反倒后悔起来。他想：倘若他的牛真的吃了苇子被扎死了，岂不赔了老本？所以，他巴不得太阳早些落山。好容易盼到天黑，他便准备了一些草料，趁黑悄悄溜出家门，先朝东，又朝南，拐弯抹角，朝着城东南走来。原来，洺州城东南角是一片苇子地，方圆数百丈。当时已是秋天，芦苇丛生，非常茂密，又是黑夜，一个人影也不见，肖无赖暗暗高兴，一直钻到苇丛中间，只见一片空地，那头牛还在那里，正吃芦苇哩！肖无赖一见，慌了，连忙把苇子从牛嘴里往外拉。当他正要把背来的草料倒出来喂牛时，忽然，苇丛中跳出两个人来，肖无赖一看，原来是窦建德的侍卫，心想，糟啦！扭头就跑，可是，已经来不及了。两个侍卫不容分说连人带牛一块押着去见窦建德。窦建德并不怪罪他，先让其坐下，后又详细问其生活情况，丢牛之事，只字不提。肖无赖见窦建德宽宏大量，很是感动，只得把如何买牛，如何藏牛，又如何起哄，一五一十全部讲了出来，并甘愿认罪。窦建德见其态度诚恳，有了悔改之意，遂命侍卫把牛奉还。肖无赖连连叩首，感激涕零。

这件事很快传遍洺州各地，人们没有一个不佩服的，就连那些土豪劣绅也只得点头称赞。从此以后，再没有人敢捣乱了。在窦建德管辖区域内，真是"道不拾遗，夜不闭户"，起义军的力量也得到了发展。

二四、洗夫人送礼

洗夫人是南朝时高凉洗氏之女，自幼聪明，通晓谋略，善于用兵，她就是中国历史上大名鼎鼎的女豪杰樵国夫人。

公元548年（梁武帝太清二年），梁河南王侯景反叛。占据大皋口（今江西吉安南）的高州刺史李迁仕蠢蠢欲动，召高凉太守冯宝跟他一起反叛。

冯宝见侯景气势正盛，真的想前往李迁仕那儿去。他的妻子洗夫人笑着劝丈夫："看形势发展，李迁仕谋反助纣为虐，不会有好下场，夫君千万不能同上贼船，自取灭亡。"接着她详细分析了天下的形势，说得头头是道，入木三分。

冯宝被说动了心，但略略思忖，又皱紧了眉头："可李迁仕那儿怎么应付？"

鬼谷子

洗夫人参谋道:"夫君派一个使者找到李迁仕,骗他:'局势大乱,冯宝太守不敢出来,打算派洗夫人来商量军国大事。'这么做,李迁仕一定放松警惕。我再领1000多个壮士,每个人挑一些破烂,伪装好后,就假称去给李迁仕送礼。我们只要进到他的军营寨栅栏下,就马上可以把他收拾掉了。这么干,一可以解夫君之忧,二更可以为朝廷除害,为民解愁。"

冯宝越听越高兴,忙伸出大拇指啧啧称赞:"夫人您家世代为南越首领,真可谓将门出虎女。刚才一席话,使为夫的茅塞顿开,拨云见日啊!"洗夫人带着1000多壮士浩浩荡荡挑担上路。

李迁仕早得冯太守使者的来报,现听说洗夫人真的亲自来了,心花怒放,想:今日总算可以一睹洗夫人风采,忙率兵出帐迎接。李迁仕远远望见洗夫人随从挑的都是礼物,更是高兴,哪里还想到去防备呢?洗夫人见部下都走近李迁仕的寨栅,突然一声令下:"打进去!"众壮士扔下担子,挑起各式家伙,猛攻而入。片刻间,歼灭了李迁仕部。

南朝梁代末年,襄州都军务周景温迁官于徐州,仍任都军务之职。他有个仆人,勇力过人,武艺超众,常

第六章 忤合

常单独带着妻子骑驴而行。

有一次,夫妻俩骑着驴子走到芒砀的大泽间,这里长着半人多高的茅草,看不见一座村庄,乃是强盗出没的地方。

妻子劝丈夫赶快离开这里,想不到丈夫却说:"今天,我是专门挑着这个地方而来,怎么能刚刚到就走开呢?这一带近年来常有英雄豪杰藏匿于此,可惜没有一个人有胆量出来与我们决个胜负啊!"

说罢,丈夫朗声大笑,笑声在旷野里传得很远很远。

突然,"哗啦"一声响,四周草丛里窜出五六个强盗,其中一人从后面双手抱住仆人,两人扭打起来,终因仆人寡不敌众,被强盗摔倒在地。强盗抽出利刃割断了仆人的喉管,搜出仆人身上的钱物,又向仆人的妻子围了过来。

仆人的妻子不但毫无惧色,而且高兴得手舞足蹈起来,大声呼喊道:"好汉们杀得痛快啊!你们帮助我洗雪了耻辱。我是个良家女子,被此人强占,因而到了这里。谁说没有神明呢?"

强盗们以为她说的是真话,就没有再杀死她。把行

李和两头驴收拾好,带着她向南走去。走着走着,他们到了亳的北界,在一个村子的外面坐下歇息。

仆人之妻就向村中走去,强盗以为她要去寻找吃的东西而没有加以阻拦。谁知这个村上有一支部队,总首就在村中的大堂里。这个女子就一直走到大堂,一头哭倒在地,向总首诉说了丈夫被害的全部经过。

总首听了这个女子的话,就用计把村外的几个强盗请到堂中,一声令下,军士们把强盗绑了。

接着,总首把强盗押送到亳城,斩首于市,陈尸街头。

二五、宋子初借刀杀人

明朝景泰年间,宦官专政权倾朝野。大太监刘安是上挟天子,下令百官,极力排除异己。他私设刑堂"十二窖",每座窖中分别放有老鼠、毒蛇、蝎子、疯狗、恶狼等各种凶残的动物。这些动物早已噬血成性,朝中官员是谈"其"色变,人人自危。

老百姓更是民不聊生,流离失所,阴霾笼罩了整个大明天下。

第六章 忤合

当时，在京城地面上有两大杂耍的班子，曹家班和宋家班。曹家班为首的是曹老大，他依仗十几杆子才把拉得着的表舅，刘安刘公公，他是为虎作伥，欺男霸女无恶不作。曹老大把宋家班看成眼中钉，肉中刺，恨不得把宋家班的掌门人宋子初，弄个碎尸万段方解心头之恨。无奈技不如人，一直找不到借口。

宋子初手下有两大名徒元少和元华，他们年少气盛，都能配合师傅完成独家把戏——生死转盘。这生死转盘可是宋家班的独家秘笈，压轴节目。每年比拼的时候，曹老大就是输在这上面。

有几次，曹老大想花高价把他们挖过来，可是，元少和元华都喜欢上了宋子初的女儿宋媚，他们明争暗斗谁都不想离开，这让曹老大束手无策。

眼下时局当乱，遍地都是饥寒交迫的难民，谁还有心思看这些玩意？宋子初也觉得自己年事已高，有些力不从心，他闭门谢客，准备开祠传钵。他立下祖训：在半年内，谁的技术高超，就做宋家班掌门人，并以女儿相许。

从这以后，宋子初就秘传元少和元华技能，他们更是废寝忘食，刻苦地练习。转眼间，半年很快就过去

了，经过评比，元华略逊一筹，元少很顺利的坐上了掌门人。宋子初决定，等过些时日就让他们完婚。

元华很不服气，他觉得自己不比元少任何地方差。师傅肯定偏心，这让他极为恼火，整日泡到酒馆借酒消愁，酗酒滋事，弄得宋家班乌烟瘴气，任凭宋子初百般劝说也无济于事，只好忍痛将他驱逐师门。

曹老大见有机可乘，找到元华开门见山地说："宋老大眼拙，不识你这个人才，他连一碗水都端不平，怎么配做你的师傅？你只要跟了我，立马就是二当家的，吃香的喝辣的，享不尽的荣华富贵。"

元华不屑一顾地说："我们班里的事，还轮不到你嘴说。我在这里先谢谢你如此抬举我，看得起我，不过，我对当不当掌门人一点兴趣都没有。"

曹老大一听，明白元华什么意思，他想要有是人。曹老大拍着胸脯说："你只要跟了我，帮我灭了宋家班，我保证你的小师妹到时候，会乖乖地投入你的怀抱。"

元华大吃一惊："怎么？你要敢伤害我师傅，我跟你没完。"曹老大诡秘地说："我要你帮我，但不是伤人，你只要告诉我生死转盘有什么秘密就行。"元华明

第六章 忤合

白了,只要把这个秘密一说出来了,宋家班就会再也没有立足之地。

其实这正是元华想要的,就算曹老大不来找他,他也会投靠于他,曹老大是多大的靠山,他心里最明白不过了。也只有曹老大才能帮着自己除掉元少,到时候才能抱得美人归。

就这样,曹老大想借元华之手灭了宋家班;元华想借曹老大的势力灭掉元少,他们心怀叵测,唯利是图的走到了一起。

元华为了略表诚心,他把生死转盘的秘密全盘托出,曹老大听后是开怀大笑。他也没有食言,真得让元华坐上了二当家的交椅。

他们俩个狼狈为奸,密谋出一箭双雕的毒计,准备在参加刘安寿辰的时候实施。他们要借着刘公公之手,把宋家班铲除掉。

到了刘安寿辰这一天,曹家班和宋家班和往年一样都接到了请柬,他们不敢怠慢应邀前往。不过,宋家班宋子初因年老体弱没有参加,只有元少和宋媚带着几个师弟。

整个刘府外面是戒备森严,前来送贺礼的王公大臣

不计其数,门前车水马龙。府里面是锣鼓喧天,锦旗飘荡,京城里的各大名旦、戏班、杂耍的都被请了过来,好不热闹。

刘安坐在高高在上的逍遥椅上,肖然不动,摆出一副威风凛凛的样子。戏台就在他的正对面,他飞扬跋扈地看着节目。

曹家班和宋家班又唱起了对台戏,他们前面的节目几乎一样。先是群狮拜寿,仙女献桃,最后各自拿出看家的本领。曹老大演的是穿火圈,圈的周围插满了锋利的刀子,他光着膀子,纵身一跃就从圈的中间钻过去,赢得了许多掌声。

宋家班玩得是生死转盘,只见宋媚站在和身高一样的转盘上,绑住四肢,然后让人转动转盘。元少站在十步开外,手里拿着四把明晃晃的飞镖。

元少用心定好位置,默记着圈数。最后,他蒙上眼睛,开始投掷飞镖。大家都是屏气凝神,心都提到了嗓子眼。

只见元少稳健地站在台上,手里举着飞镖,抓住时机就果断地投掷出去,三把飞镖不偏不倚,分别插在了宋媚的身边,而且毫发未伤。大家一个劲得喝彩,呐喊

第六章 忤合

声早就压过了曹家班子。

最后一镖更是危险,只见宋媚嘴里叼了一支玫瑰,转盘速度也快了好几倍。只见元少以迅雷不及掩耳之势投掷出这只飞镖,正好插在了这朵玫瑰上,大家看得上目瞪口呆,瞠目结舌。

就在元少刚要谢幕的时候,曹老大一步冲上台子,他朝着刘安一拜,嚷道:"表舅,要是有人敢糊弄你,怎么办?"

刘安气焰嚣张地说:"那还用说嘛,谁让我今儿不高兴,我就让他一生高兴不起来。"

曹老大一把扯开元少的胸襟,掏出四把飞镖,举着说:"表舅,你看这就是他刚才投掷的飞镖,全是假的,是用竹子做的,根本就没有投掷出去,全藏在衣服里。"说着,又指着转盘上的飞镖说:"您再看看这转盘上的飞镖,也是假的,都是事先装到上面的,转动转盘的人一拉机关就弹出来。"说完他就演示了一下,大家全都嘘唏不已。

曹老大冷嘲热讽地说:"表舅,您看宋家班就拿这样的鬼把戏戏弄您老人家,欺骗您无知,您应该治他们的罪。"

鬼谷子

曹家班都随声迎合着,刘安也觉得扫了兴致,就发出一句娘娘腔:"把宋家班扔进十二窖,好生招待他们。"

元少见事不妙,匍匐在地,解释道:"刘大人,不是我扫您得兴,是我们来的时候,不准带任何的真刀真枪,我们也是为了您得安全着想啊!大人。"

曹老大是得理不饶人:"依你的意思,要是给你真的飞镖,你就会真投了?"

元少低着头没有吱声。这时,曹老大从怀里掏出四把飞镖。院子里的保镖"唰"地围了上来。刘安一摆手,示意大家都退下。要是在以前,不管是谁带了兵器在刘府里,早就当场毙命了。

此时,曹老大仗着是刘安的外甥,才敢如此造次。刘安见他们在台上争个你死我活,比看戏好多了,就发下话来:"把真飞镖给他,看他如何收场。"

元少拿着这四把飞镖,看着转盘上的宋媚,一时不知如何是好。元华见元少犹犹豫豫地样子,他也蹿上台来,幸灾乐祸地说:"元少,你也有今天。看你那点本事别伤着师妹,还是让我来当靶子吧,谁都不知我最爱师妹。"

第六章 忤合

元华不由分说上前解开了宋媚身上的绳索,宋媚伸手就给了他一把掌,说道:"谁是你的师妹,你这个忘恩负义的东西。"元华被打得头晕目眩,他一把抓住宋媚的手说:"哼,你永远是我的,量你也逃不出我的手掌心。"

宋媚气得一跺脚,跑到元少的跟前说:"到时候,你可别手下留情,出手狠着点!"

转盘重新转动起来,人们相信这一次更刺激,更过瘾。台上台下大家屏住呼吸,鸦雀无声。元少觉得这四把飞镖,每把都有千斤重,要是一把不中,元华就会有生命之忧。虽然他的命没那么重要,关键是师傅这张招牌,就要毁到自己手里。

但是令人吃惊的是,元少投掷的前三把全都命中,没有一把伤着元华,曹老大大感不解。当元华嘴里刚叼上玫瑰时,曹老大眼看着自己的希望就要泡汤,就跳上台来,一把将转动转盘的人推开,自己使上吃奶的力量,飞速转动着转盘,让人看得眼花缭乱,完全不顾元华的死活。

元少气闲神定地蒙上眼睛,从心里默念着。就在大家都聚精会神地时候,元少突然来了一个180度的大转身,把飞镖掷了出去。

这把飞镖冲着刘安的胸膛飞去,要不是他身边的保镖手疾眼快,帮着挡了一下,恐怕刘安早就当场毙命了,好歹只是伤着肩膀划破了一层皮。

刘安勃然大怒,拍案而起,气急败坏地嚷道:"好啊,你们合起伙来谋害我,全都给我抓起来,送到十二窖去。"

曹老大当时就被这突然的变故吓懵了,他一个劲地磕头求饶。就在这时,院里冲进来一批御林军,一个老臣向刘安施礼道:"微臣奉皇上之命前来祝寿,二来也是保护刘公公。我突然听到里面吵杂,不知道发生了什么事?"

刘安先拜谢天子,然后指着被抓的人说:"几个杂耍之人,差点伤了老夫,没有什么大碍。"

老臣一听,怒气冲冲地说:"好一些刁民,竟然谋害朝中大员,来人啊,把他们全都抓起来,带到总衙门我要亲自审问。"

刘安刚想阻拦,老臣却说:"刘公公,我会秉公执法,严惩不怠,你就放心庆寿吧。"

这时,曹老大跪拜在地,不住地喊叫:"表舅,救

第六章 怦合

我呀，这事与我无关。"老臣一看他是刘安的外甥，就来了个顺水人情："刘公公，他既然是亲戚，就把他给你留下了，其余的全部带走。"

曹老大千恩万谢地给老臣磕头，刘安眼睁睁地看着老臣把人从眼皮子底下给带走了。他怒不可遏指着曹老大骂道："你是吃了熊心豹子胆了，敢带着凶器到我府上，和他人谋害于我。来人，把他给我送到十二窖，让他挨个过一遍。"曹老大是有口难辩，跳进黄河也洗不清了。

刘安气喘吁吁地坐在椅子上，就感觉伤处钻心的痛，浑身发冷。殊不知，那些飞镖早就让元华在暗中涂上了剧毒。由于他耽误时间太长，早已毒气攻心。他口吐紫血，死在了逍遥椅子上。

几顶官府的大轿来到城外，从里面走出了元少、宋媚等人，其中还有元华。他们的师傅宋子初和老臣在谈笑风生，正等着他们。元少他们大惑不解："你不就是抓到我们的那个老臣吗？"

老臣笑呵呵地说："我不抓你们怎么能掩人耳目？你们舍生忘死的救国家于危难，令我十分敬佩。刘安也是罪大恶极，死有余辜。多亏我的老朋友宋子初出此下策，要不然谁都动不了他。虽然刘安罪该万死，但毕竟你们杀的是朝廷的人，你们必须远走高飞，我给你们预备的银两足够花一辈子的了，你们就放心的走吧！"

从此，宋家班没了音信。

第七章　揣　篇

第十章 試論

第七章 揣篇

揣①篇第一

古之善用天下者②，必量天下之权③，而揣诸侯之情。量权不审，不知强弱轻重④之称；揣情不审，不知隐匿变化之动静。

何谓量权？曰："度于大小，谋于众寡⑤。称货财有无，料人民多⑥少、饶乏，有余不足几何？辨地形之险易孰利、孰害？谋虑孰长、孰短？群臣之亲疏，孰贤、孰不肖？与宾客之睿孰少、孰多？观天时之祸福孰吉、孰凶？诸侯之亲孰用、孰不用？百姓之心去就变化，孰安、孰危？孰好、孰憎？反侧孰便、孰知？能知此者，是谓量权⑦。"

【注释】

①揣：推测对方的心理。

②善用天下者：善于左右天下大势的。

③权:势,指所处的环境与地位。

④强弱轻重:强弱,指对方的虚实状况。轻重,指对方在周围环境中所处地位的轻重。

⑤众寡:指人心向背,政治条件优劣。

⑥料人民多:道藏本脱"料人民多"四字,据别本补。

⑦量权:道藏本作"权量",据嘉庆本校改。

【译文】

古代善于利用天下情势,处理天下纷争,操纵天下局势的人,一定要衡量天下的权势,揣测诸侯的真实意图。如果不能详细慎重地衡量天下权势的变化,就不能够知道诸侯各国的强弱虚实的力量对比;如果对各诸侯的真实想法揣测得不够周密细致,就不能了解隐蔽变化的状况和不断变幻的情况。

什么叫量权?量权就是:"要估量国家的大小,考虑其国兵力的多寡,估量一下这个国家财货的有无、人民数量有多少、是贫穷还是富有?哪些方面有余?哪些方面不足?分辨地形的险峻与平坦,哪里有利哪里有害?谋略方面,哪个谋略深远、哪个谋略短浅?君臣之间关系如何?哪一国君主亲近贤良接近小人?宾客的智慧,哪一国缺少智谋,哪一国足智多谋?还要观察天时,观察国家命运的发展趋势,看谁有祸、谁有福,谁凶谁吉?要考察诸侯之间的结盟关系,看哪个可用、哪个不可用?要观察民心向背和变化状况,看哪一方民心安定,哪一方民心思变?看百姓喜爱谁憎恶谁?能反复揣度而懂得这些事情,就叫做"量权"。

【感悟】

揣情旨在掌握对方的内情及个性特点,在充分分析和衡量天下大势的基础上,进一步作出相对准确的判断,才能正确地制定谋略,使对方接受自己的主张。

【故事】

一、明察秋毫

"明察秋毫"形容目光敏锐,连极小的事物都看得清楚。

此典出自《孟子·梁惠王上》:"明足以察秋毫之末,而不见舆薪,则王许之乎?"

战国时,有一次齐宣王请求孟子讲述有关齐桓公、晋文公称霸的事,孟子回答说:"孔子的学生只学仁、

鬼谷子

义、道、德，从来没听说过以武力称霸的事，所以我不会讲。不过，如果大王愿意听有关'王道'的事，我会尽力讲好的。"齐宣王说："您讲一统天下的事吧！"孟子回答道："大王只要有同情心，就可以统一天下。"齐宣王笑了，说："哪有这么简单的事，何况，同情心与统一天下又没有关系。"孟子接着说："我听人说，有一天，大王坐在堂上，有人牵着牛从堂下经过，大王看见了，就问去哪里。那人说，准备杀牛用它的血祭钟。你就叫那人把牛给放了，并说：'牛又没有罪，为什么要杀它呢？我不愿看到它被杀时那可怜的样子。'那人说：'那祭钟怎么办呢？'大王就叫他用一只羊代替。由此可见，大王是有同情心的，正因为有同情心，才会爱护老百姓，爱护老百姓国家就会强大。"

齐宣王听了，摸着头说："现在想来，真有些不能理解，齐国虽小，也不至于连一头牛都没有，难怪老百姓说我吝啬。"

孟子说："这没有什么奇怪的，只是老百姓不理解大王的情意。表面看，牛和羊都是死，大与小又有什么区别，但实质上却不同了。"齐宣王说："我这种心情与王道有什么关系呢?"孟子回答道:"如果有人向大王报告:我的力量能举三千斤,却拿不动一根羽毛;我的眼睛能看清鸟兽的细毛,却看不清眼前的一车子柴火。大王相信吗("明足以察秋毫之末,而不见舆薪,则王许之乎")?肯定不信。大王只要有同情心,就应该把同情心扩大到全国,这是大王能做到的。"

齐宣王最后说:"您说了这么多,但我还是不喜欢王道。"

二、死有余辜

"死有余辜"的意思是说,罪大恶极,虽然处死也不足以抵偿他的全部罪恶。人们用它形容某人罪恶深重,民愤极大。

此典出自《汉书·路温舒传》:"盖奏当之成,虽咎繇听之,犹以为死有余辜。"

汉代,有一个人叫路温舒(字长君),少年时代,父亲叫他放羊。他边放羊边学习,懂得许多知识。到后来,他当了狱吏,懂得法律,县里出现了法律方面的疑难问时,人们都去请教他。有一次,郡里的太守见了他，对他十分器重。他当了郡吏，继而又到朝廷任职。汉昭帝死后，汉宣帝即位。宣帝登上皇帝宝座不久，路温舒就向宣帝上书，主张提倡教化，减少刑罚。他认为，宣帝初登帝位，这正是天赐良机，应当抓住这个机会，借鉴秦朝灭亡的教训，减轻刑罚，免除民间疾苦，以使汉朝的天下繁荣昌盛。他分析说，秦朝太滥用刑罚了，最终，造成好人受气，言路堵塞，坏人猖獗，歪风盛行，导致了秦王朝的灭亡。而今天下承蒙皇上恩泽，没有战争之乱、饥寒之患，父子夫妻努力耕作。可是，并不能说已达到天下太平了。为什么这么讲？就是因为太滥用刑罚了。那些残酷的狱吏为了保住自己的乌纱帽，胡判乱断，置人于死地而后快。杀人的鲜血流遍了大街小巷，等着被杀头的人比肩而立，每年有数万起杀人的事件发生，使皇上的恩德之光大受损伤。之所以未达到天下太平，真正原因就在这里。

路温舒又写道："人之常情是，平安就喜欢活着，痛苦就想死去。在严刑的痛楚之下，从'犯人'口里什么得不到呢？那些'犯人'经不起痛楚的折磨，就说一堆谎言给狱吏听，狱吏本来就想得到这种效果，就趁机加以点拨、诱供,狱吏在上报案情的时候,害怕上级批不准,就把案情编造得天衣无缝,想方设法把它纳于法律规定的条文之内。他们上奏说该判什么罪,全都说得头头是道,证据确凿,即使是舜时掌管刑法的大臣咎繇(即皋陶)听了,也认为该犯真是罪大恶极,即使一死也不足以抵罪。"

三、隋珠弹雀

"隋珠弹雀"比喻用夜明珠去弹鸟雀,得不偿失。

此典出自"《庄子·让王》:"以隋侯之珠,弹千仞之雀,世必笑之。"

春秋的时候,有一天,隋侯和他的侍从们出游,途中见到一条大蛇,被人拦腰斩断,在路上打滚,并且显出非常疼痛的神情,隋侯于心不忍,生了恻隐之心,叫侍从去取专医跌打的续骨药膏,把它医治好。蛇痊愈后,慢慢地向山中移去。后来,这蛇衔了一粒很大的珠子,献给隋侯,以报答他的救命之恩。那粒珠子光滑圆润,光芒四射,因此后来人们都把它称作隋珠。

 鬼谷子

四、贪天之功

"贪天之功"意思是说把天的功劳归于自己,比喻把别人的功劳攫为己有。

此典出自《左传·僖公二十四年》:"窃人之财,犹谓之盗,况贪天之功以为己力乎!"

晋公子重耳是个贤能的人,他很有志气,很有抱负。经过十九年的流亡,历尽艰辛,最后在公元前636年得到秦穆公的支持和帮助,回到晋国即位,称晋文公。得到君位的晋文公,为了报答有功之臣,对于那些跟随他流亡的人论功行赏,给了他们许多优厚的待遇。却把功臣介子推忘记了,他既没有得到赏赐,也没有得到提拔。在重耳流亡期间,介子推一直跟着他,对他照顾得无微不至。在挨饿的时候,介子推甚至把自己大腿上的肉割下来给重耳煮汤吃。他为重耳回国掌权出了很大的力。

介子推是个很有气节的人。虽然没有得到重耳的封赏,可是他却很不在乎,并且毫无怨言。他不但没有伸

第七章 揣篇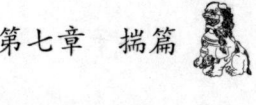

手去要禄位，甚至认为自己根本就不该受赏。介子推在重耳回国之后便假称有病，回家隐居，侍奉老母，甘守清贫。他宁愿编草鞋为生，也不去贪图谋官位。他对重耳周围一些人居功自傲很不满意。他的老母和亲朋邻里都劝他去找重耳得到封赏，他都断然拒绝。他说："重耳继承王位，这完全是上天的旨意，可是那些跟随重耳流亡的人却以为是自己的功劳，这不是骗人吗？偷人家东西尚且被称为盗贼，更何况贪取上天的功劳，把上天的功劳归为自己的功劳的人，这不更加可耻吗？"介子推的母亲看到自己的儿子如此廉洁，如此决断，便同意和儿子一起到深山中隐居。于是，介子推带着母亲直奔绵上深山（今山西沁源县西北），从此便隐居不出。晋文公得知介子推归隐绵上，追悔莫及，他亲往深山寻找，始终不见踪影，只好把绵上作为介子推的封地。到后来传说，晋文公为了逼迫介子推母子出山，曾经放火烧山。介子推由于不愿出来做官，便和母亲一起被山火烧死。传说介子推被火烧死那天，正是阴历三月初三。为了纪念这位宁愿死也不做官的隐士，当地百姓每年到这一天都不烧火做饭，全天都吃冷食，这就是"寒食节"的来历。

 鬼谷子

五、浮家泛宅

"浮家泛宅"指以船为家,漂泊于江湖的人。

此典出自《新唐书·张志和传》:"颜真卿为湖州刺史,志和来谒,真卿以舟敝漏,请更之,志和曰:'愿为浮家泛宅,往来苕、霅间。'"

唐代,有一个人叫张志和,字子同,他年少有才华,十六岁时就被选拔为明经。他给唐肃宗写了一篇策文,唐肃宗非常赏识他,任命他为待诏翰林,负责四方表疏批答,应和文章等事。后来,他因事犯罪,被贬到南浦任尉。正好碰到皇上大赦,他回到家乡,从此游居于江湖之上,垂钓水滨,做隐逸之士。

当时,著名书法家颜真卿任湖州刺史,张志和前去拜访他。颜真卿看到张志和乘坐的船又破又漏,便要为他找一个住处。张志和说:"我愿以船为家,东飘西荡,往来于江湖之中。"

六、浮阳之鱼

"浮阳之鱼"的意思是要人既自知(自知之明)又知天(认识自然规律),这样就不至于怨天尤人了。

此典出自《荀子·荣辱》:"鲦、鲌者,浮阳之鱼也。胠于沙而思水,则无逮矣;挂于患而欲谨,则无益矣。"

这段话意思是说:

鲦和鲌鱼,都是喜欢就着阳光浮游在水面上的鱼。被搁浅在沙滩上时,再去思念江海的大水,已经来不及了。如果它们记着这场灾难,并且考虑得谨慎些,就不会怨天尤人了。

七、郑国贤相子产

郑国的家,最是难当。晋楚争霸,只在别国土地上打仗,败得再惨,过几年元气便恢复了。他们两家又都不大愿意打硬仗,你来我去,真吃亏的还是郑国。郑国没有办法,只得执行"牺牲玉帛,待于二境"的政策。楚军北上,便在南境求和会盟;晋军南下,便在北境求和会盟。这是对外问题。

郑国的内部也不安宁,贵族们常要闹事。公元前五六三年,五家贵族作乱,杀死了三个执政——子驷、子国、子耳。他们劫持国君,占领了北宫。子驷的儿子子

西得讯，连忙赶去收敛尸体，追击乱党。他见乱党已经占领北宫，才回去发动家兵。这时家里已经大乱，男女奴隶大部分都已逃走，财物损失很大，家兵也组织不起来了。子国的儿子子产得讯后，非常镇静，先加强府第里的警卫，门户库房，都派专人守卫，然后命家兵列成队伍，十七乘兵车，整队而出，收了父亲的尸体，再进兵攻击北宫。其余没有参加叛乱的贵族率领"国人"前来助战，平定了叛乱。

老一辈贵族中没有被杀害的子孔执了国政。子孔起草一份文件，规定各级贵族各司本职，不得干预朝政。众人不服，形势相当紧张。子孔准备使用高压手段。子产劝他接受大家意见，烧掉这份文件。子孔很不愉快，说："我制定这份文件，为的是求国家的安定，因众人的反对而把它烧掉，是让众人作主，国事岂不难办？"

子产说："众怒难犯，只凭一个人的愿望，办不成事情，不如烧掉文件，使众人都能心安，否则又会发生祸事。"子孔接受他的意见，把写上这文件的一大堆简，在城门外公开烧掉，郑国的人心得以安定下来。

以上是子产这个青年政治家初露头角的两件大事。

第七章 揣篇

子孔毕竟没有善终,他过于专横,又打算执行亲楚的政策,受到一部分贵族的反对。公元前五五四年,都城里发生一次武装冲突,子孔被杀。事后,子产被提拔做亚卿,在执政的班子里排在第三位。

公元前六世纪的中叶,晋在争霸中又占了优势。晋国君臣对小国常常盛气凌人,要求他们朝见、纳贡。当年的齐桓公是诸侯的领袖和保护人;此刻的晋国君臣是十足的霸权主义,与齐桓公没有任何共同的地方。子产经常要同他们办交涉,他态度严正,说话理直气壮,好几次把晋人驳得哑口无言,很有外交家的风度。

公元前五五一年,晋使者到郑,召郑简公去朝见晋君。子产历数简公即位十五年五次朝晋的事实,又指出在不朝见的时候,没有一年不派人访问晋国,晋国发起的诸侯的活动,也没有缺过一次席,由于大国的政令常有改变,小国已经吃尽了苦头。

子产说到这里,已经从申辩转到了控诉,接着便变成了质问。他说:"大国若能安定小国,不劳召唤,自然会经常前来朝见。如果不谅解小国的为难之处,把不来朝见当作口实,加以责备,弄到无法忍受的地步,使同姓的亲戚变成仇敌,那倒是十分值得忧虑的事情。希

鬼谷子

望你们慎重考虑。"

这是一次。公元前五四九年，郑简公朝晋。其时晋国范宣子执政，要求诸侯缴纳的贡品很重。子产写了封信，托简公的随员转交宣子，向他说明利害，劝他不要因此引起诸侯离心的恶果，又说如果财物都归于执政，还会造成晋国内部的分裂。宣子读了这封信，有所触动，曾经少收一些贡品。这又是一次。

公元前五四三年，子产做了郑国的正卿。第二年，从郑简公到晋国。晋国的宾馆门户低矮，车辆无法进去。子产毫不踌躇，命从人拆毁围墙，打开一个大大的缺口，把马车开了进去。晋国执政派人质问，口气倒并不严厉，只说："敝国是诸侯盟主，修建宾馆，用来接待各国宾客，如果大家都动手拆毁围墙，叫我们怎么办呢？"

子产下令拆墙的时候，早已胸有成竹，等你来问，便滔滔不绝地发了一通议论。他的说话大概包含几点内容：

第一，郑国弱小，大国责令贡献，不敢拒绝。到了此地，晋君和执政不马上接见，我们不能不设法保存带来的贡品。

第七章 揣篇

第二，从前文公做盟主，宫室简陋，接待诸侯的宾馆极其宽敞高大，接待的人员也都殷勤周到，"宾至如归"（客人到了这里，象到了自己家里），既舒适，又安全。

第三，现在晋国国君的"离宫"（别墅）周围好几里路，诸侯的宾馆象是"隶人"的住房，门户狭小，容纳不下车辆，车辆又不能越过墙壁，加以盗贼横行，天灾常见，我们不拆墙壁，就无法保存贡品。请问贵国，我们应该怎么办？

晋人听了，自觉礼亏，只得厚待简公，送他回国。这一次是子产同晋国办交涉最出色的一次。

子产在内政方面也搞得很出色。这些事情并不好办，也许比办交涉更难。

子产当正卿以前，几家贵族又发生过冲突，两面都想拉拢子产，他不肯参加任何一方。事后，一位不参加内乱的老辈推举子产执政，子产不肯，他认为外有大国，内多大族，事情实在难办。在老辈的劝说下，他终于答应上台。

子产上台以后，立即整顿内政，修治田地中灌溉排水的沟洫，按照耕地的实际情形，收取赋税，另外还征收了财物税。他对"都"和"鄙"（见《齐桓公和管仲的霸业》）的治理订定了不同的规章，对担任各级职事的人都提出了明确的要求。这番整顿，有些人很抵触，更多的人很不习惯。执政的第一年，竟是怨声载道。三年之后，歌烦的声浪就高起来了。当然，意见还是有的。有些国人在"乡校"里头议论执政，有赞成的话，也有不赞成的话。"乡校"是什么？也许是学校，也许是国人的活动场所。

有一个然明，向子产提出毁掉"乡校"的建议。子产说："何必呢？有这么个地方，让人们空闲时去走走，议论执政的好坏。他们赞成的，我就坚持办下去；他们反对的，我就改掉。这是我的好老师，为什么要把它毁掉呢？我只知道多做好事以减少人家的怨恨，不知道用高压手段禁止人家怨恨。使用高压手段，当然可以立见功效。然而象防河一样，大决口时，损失一定很大，我会无法挽救的。不如让它有个小决口，可以疏通，不如让我听见后把它当作治病的良药。"

原来古代的"国人"是可以对国事发表点意见的，春秋时各国的统治者已经把这种权利差不多剥夺光了。子产能够保存一点这个传统，就很难能可贵了。

子产执政二十一年，加上做亚卿的时间，共是三十二年，在公元前五二二年去世。

八、魏无知答汉王

陈平投降了汉军，通过魏无知请求会见汉王，汉王把他召唤进去。这时候，万石君石奋是替宫中清洁扫除的涓人，接受了陈平的拜谒。陈平等十个人一块进去了，被赏赐了一顿饭。汉王说："吃完了，你到客舍去歇歇吧！"陈平说："臣子我是有事才来的，这话必须今天就说。"于是汉王跟他谈了话并且很欣赏他，问他说："你在楚国当什么官？"陈平说："是个都尉、"这一天就安排陈平当了都尉，为近侍警卫，掌管监临将领们。将领们一片哗然，说："大王一时间得到一个楚国逃亡的士兵，也不知道他的高低深浅，而就和他坐一辆车子，让他监临我们这些高过他的人。"汉王听到这些，就越发宠爱陈平，于是便和陈平一块向东讨伐项王。到了彭城，被楚军打败，带领着军队回来了。在荥阳收拢被打散的士兵，让陈平当了亚将，归在韩王信手下，屯军在广武。

维候周勃和灌婴等人有时诋毁陈平说:"陈平虽然是个英俊的男子汉,好象戴着美玉一样好看,但肚里不一定有货。听说陈平在家居住时曾经和他嫂子私通,给魏王干事竟弄得无法容身,逃跑后投奔了楚国,投奔楚国又混不下去,又跑来归顺了汉王。现如今大王尊敬他,给他官做,还让他监临将领,臣下们听说陈平调遣将领们,给金子多就能到好的地方,给金子少就到坏的地方。陈平,是一个反复无常的乱臣贼子,希望大王能深入考查他。"汉王怀疑这些,就责怪魏无知,问他说:"有这回事么?"魏无知回答说:"有这回事。"汉王说:"那你说他是贤能的人是为什么?"魏无知回答说:"臣子我说的,是能力;陛下您所问的,是品行。现在有守信用的尾生和有孝行的孝已的行为,但对决定胜负的计算没有什么好处,陛下您有闲空去任用他们吗?现在楚汉相互争斗、僵持不下,臣子我推荐有奇异谋略的士人,只看重他的计谋真能够有利于国家呀。和嫂子私通多接受点金子又有什么值得疑虑呢?"汉王召来陈平问他说:"我听说先生你在魏国干事不能坚持到底,在楚国干事又跑了,现在又跟着我干,有信用的人原来这样三心二意么?"陈平说:"臣子我给魏王干事时,魏王不能采纳我的意见,所以离开去给项王干事。项王不信任人,他所任用和爱护的人,不是他们项氏家族的人就是他妻子的兄弟们,就是有奇异的士人也不能够任用。臣于我在楚国的时候就听说汉王能够任用人,所以归顺了大王。我是赤手空拳而来,不接受金钱就没有东西作为资产。如果臣子的谋划计策有可以采用的,希望大王您任用我;假如没有什么可采用的,大王您赏赐给我的金子都还在,请求封存起来送还官府,并请求辞职还家。"汉王于是就称谢,重重的赏赐了他。让他当了护军中尉,监临所有的将领。将领们于是也就不敢再说什么了。

九、晋侯派遣郤克

鲁宣公十七年(公元前592年)春,晋侯派遣郤克到齐国召请齐侯参加盟会。齐顷公用帷幕遮住妇人让她观看。郤克是个跛子,登台阶时一跛一跛的,妇人禁不住在房里笑出声来。郤克大怒,出来后发誓说:"不报复这一耻辱,决不过黄河!"郤克先回国,让栾京庐在齐国等待命令,说:"不完成来齐国的使命让齐顷公去

参加盟会,就不要回国复命!"郤克回到晋国,请求攻打齐国。晋侯不答应。郤克于是请求带领宗族去攻打齐国,晋侯也不答应。

齐侯派遣高固、晏弱、蔡朝、南郭偃参加会盟。到达敛盂,高固因听说郤克埋怨齐侯就逃回了齐国。夏,在断道会盟,这是为了讨伐三心二意的国家。又在卷楚结盟,拒绝齐国人参加。晋国人在野王抓住晏弱,在温抓住南郭偃。苗贲皇出使路过野王,见到晏弱。回去后,对晋侯说:"晏子有什么罪?从前诸侯事奉我们的先君,都象怕赶不上的样子。现在诸侯都说晋国的群臣都不守信用,所以诸侯都有三心二意。齐侯担心得不到礼遇而遭受侮辱,所以不亲自来会盟,而让这四个人来。齐侯的近臣有人阻止说;'君王不出使,他们一定会逮捕我们的使者。'所以高子到达敛盂就逃跑了。这三个人说:'如果断绝了晋国同齐国的友好,宁可回国被处死。'为此他们甘愿冒危险前来。我们应该盛情迎接他们,使来的人对晋国有怀念之情。现在我们不仅没有善待他们,反而还逮捕他们,让阻止他们前来的齐侯近臣们的预料得以证实,我们不是已经犯了过错吗?有了过错却不改正,而又长久的逮住他们不放,以造成他们的后悔,这对我们有什么好处?让逃回去的人得到逃走的"理由,而伤害前来的人,让诸侯害怕晋国,这有什么用呢?"于是晋国放松了对晏弱、蔡朝、南郭偃的看管,他们三个人趁机逃走了。

一〇、三家分晋

韩康子、赵襄子、魏桓子三家灭了智伯,三家的领地大了,因为这三家对待老百姓要比晋国的国君好,所以老百姓都愿意归附。三家都想趁机瓜分晋国,各立各的宗庙。如果再推迟下去,等到晋国出了个英明的国君,重新把国家整顿一下。到那时候,韩、赵、魏三家想要安安稳稳地做大夫也许都不行了。可是这么大的事情也不能说做就做,总得找个恰当的时机才好。周考王三年(公元前438年),晋哀公死了,儿子即位,即晋幽公。韩康子、赵襄子、魏桓子他们一见新君刚即位,而且新君又软弱无能,大伙儿商定了平分晋国的办法。他们把绛州和曲沃两座城留给晋幽公,其他的地区就由三家平分了。如此一来,韩、赵、魏三家就称为"三晋",各自独立。晋幽公一点力量也没有,只好在"三

晋"的势力之下忍气吞声地活着。他不但不能把三晋当做晋国的臣下看待,而且害怕"三晋",反倒一家一家地去晋见他们。君臣的名分地位就这么颠倒过来了。

这个消息传到了齐国,齐国的田盘(田恒的儿子)也如法炮制了一番。他把齐国的大城都封给田家的人。这是并吞齐国的第一步。同时,他跟"三晋"搞好关系,有事相互帮助。从此以后,齐国和晋国只要是和列国诸侯来往的事,都由田家跟韩、赵、魏三家出面办理,后来两位国君反倒慢慢地没有人知道了。

公元前425年,赵襄子得了重病。他自己感到活不多长时间了,就立他哥哥伯鲁的孙子为继承人。

就在赵襄子死的那一年,韩康子和魏桓子相继病死。韩虔继承韩虎的位子,赵籍继承赵浣的位子,魏斯继承魏驹的位子;齐国的田和(田盘的孙子,田恒的曾孙)继承田盘的位子。从此以后,韩虔、赵籍、魏斯、田和四个大夫连成一气,各自为诸侯。

魏侯以安邑作为都城;赵侯以中牟作为都城;韩侯以平阳作为都城。这新兴的三个国家都宣布了天子的命令,各自立了宗庙,并且通告了各个国家。各国诸侯都来给他们道贺。只有秦国自从和晋国断交之后,早就不跟中原诸侯来往了,中原诸侯也都把它当做戎族来看。所以秦国当然没派人来道喜。

晋幽公之后,到了他的孙子晋靖公,"三晋"就把这个挂名的国君也废了,让他做个老百姓。从此以后,晋国从唐叔以来的统治系统就断了,连晋国这个名号也废弃了。

一一、攻心为上,攻城为下

三国时马谡,字幼常,襄阳宜城人。他熟读兵书,喜欢议论军事,见解不凡,因而诸葛亮非常器重他。

建兴三年,诸葛亮亲自率领大军远征南中,马谡前去送行。路上,诸葛亮问马谡对他这次南征有什么建议。马谡说:"南中仗恃它路途遥远,地形险要,很长时间以来就不愿意归顺朝廷。即使今日攻破它,使它暂时降服,等到明日,它又会反叛。现在,您倾全国的兵力去讨伐南中,向它显示强盛和威风,南中知道我们表面势力强大,实际上却空虚,它的叛乱就来得更快了。如果我们将他们斩尽杀绝,则不符合仁者的情怀,而且也不可仓促行事。"

接着，马谡又很郑重地说："用兵之道，攻心为上，攻城为下；心战为上，兵战为下。我希望此去，能够设法运用心战，收服南中人的心，才是上策。"

诸葛亮深感马谡言之有理，决定采纳他的建议，重视运用攻心的战术。他七次抓住了南中的首领孟获，又七次将他释放。孟获想方设法与诸葛亮斗勇斗智，都不能取胜。最终孟获心服口服，诚心归顺诸葛亮，使这次南征全胜而归。一直到诸葛亮去世，南中都未敢谋反。

一二、郦食其说沛公

郦食其，是陈留高阳人。他非常喜欢读书，但家境贫寒，穷困潦倒，连能供得起自己穿衣吃饭的产业都没有，只得当了一名看管里门的下贱小吏。但是尽管如此，县中的贤士和豪强却不敢随便役使他，县里的人们都称他为"狂生"。

等到陈胜、项梁等人反秦起义的时候，各路将领攻城略地经过高阳的有数十人，但郦食其听说这些人都是一些斤斤计较、喜欢烦琐细小的礼节，刚愎自用、不能听取宏伟意见的小人，因此他就深居简出，隐藏起来，

第七章 揣篇

不去逢迎这些人。后来,他听说沛公带兵攻城略地来到陈留郊外,沛公部下的一个骑士恰恰是郦食其邻里故人的儿子,沛公时常向他打听他家乡的贤士俊杰。一天,骑士回家,郦食其看到他,对他说道:"我听说沛公傲慢而看不起人,但他有许多远大的谋略,这才是我真正想要追随的人,只是苦于没人替我介绍。你见到沛公,可以这样对他说:'我的家乡有位郦先生,年纪已有六十多岁,身高八尺,人们都称他是狂生,但是他自己说并非狂生。'"骑士回答说:"沛公并不喜欢儒生,许多人头戴儒生的帽子来见他,他就立刻把他们的帽子摘下来,在里边撒尿。在和人谈话的时候,动不动就破口大骂。所以您最好不要以儒生的身份去向他游说。"郦食其说:"你只管像我教你的这样说。"骑士回去之后,就按郦生嘱咐的话从容地告诉了沛公。

后来沛公来到高阳,在旅舍住下,派人去召郦食其前来拜见。郦生去见沛公的时候,沛公正坐在床边伸着两腿让两个女人洗脚,就叫郦生来见。郦生进去,只是作个长揖而没有倾身下拜,并且说:"您是想帮助秦国攻打诸侯呢,还是想率领诸侯灭掉秦国?"沛公骂道:"你个奴才相儒生!天下的人同受秦朝的苦已经很久了,

所以诸侯们才陆续起兵反抗暴秦,你怎么说帮助秦国攻打诸侯呢?"郦生说:"如果您下决心聚合民众,召集义兵来推翻暴虐无道的秦王朝,那就不应该用这种倨慢不礼的态度来接见长者。"于是沛公立刻停止了洗脚,穿整齐衣裳,把郦生请到了上宾的座位,并且向他道歉。郦生谈了六国合纵连横所用的谋略,沛公喜出望外,命人端上饭来,让郦生进餐,然后问道:"那您看今天我们的计策该怎么制定呢?"郦生说道:"您把乌合之众,散乱之兵收集起来,总共也不满一万人,如果以此来直接和强秦对抗的话,那就是人们所常说的探虎口啊。陈留是天下的交通要道,四通八达的地方,现在城里又有很多存粮。我和陈留的县令很是要好,请您派我到他那里去一趟,让他向您来投降。他若是不听从的话,您再发兵攻城,我在城内又可以作为内应。"

高阳酒徒郦食其的作用,功著于国,主要有以下几点:

第一,正当刘邦徘徊不前,举棋不定之时,是郦食其为他指出攻陈留之方向,成为刘邦反秦首功;

第二,攻陈得积粟,足够起义军三个月的粮草,使其后勤无忧,得以有力量进军;

第七章　揣篇

第三，攻陈扩大了起义军队伍，尤起兵数百人至破陈留扩兵到万人；

第四，刘邦过去一向瞧不起知识分子，但自从接见这个高阳酒徒后，才深知欲成其大事，没有知识分子为他出谋划策是难以成功的。

从此以后，刘邦不仅封郦食其为广野君，并且重用其弟郦商为将，率兵数千人，跟随刘邦南征北战，立下汗马功劳。郦食其为刘邦所器重，酒徒竟然成为刘邦创业初期的重要谋士之一。后来他为刘邦游说四方，瓦解诸侯也树立不少功勋。公元前204年楚汉相争时，他建议刘邦曰："两雄不俱立，楚汉久相持不决，百姓骚动，海内摇荡，农夫释耒，工女下机，天下之心未有定也。愿足下急复进兵，收取荥阳，据敖仓之粟，塞成皋之险，杜大行之道，距斐狐之口，守白马之津，以示诸侯劾实形之势，则天下之所归矣。"并愿意去说服当时尚有兵众将广、割据一方的齐王田广。高阳酒徒这一建议，却成为刘邦取天下的战略思想了。刘邦派他去游说田广，晓之天下利害，"田广以为然，乃听郦生，罢历下兵守备战，与郦生日纵酒。"这是由于韩信乘机功齐，为田广所误解，认为这是郦食其出卖了他，遂将郦食其

烹杀。临死前,田广对其曰:"汝能止汉军,我活汝。"郦生对曰:"举大事,不细谨;盛德不辞,而公不为若更言。"慨然就义。

郦食其死后,当刘邦称帝评奖列侯功臣时,封郦食其之子郦疥为高粱侯,以示不忘前功。随着时间的推移,郦食其的名字,在人们中间逐渐消逝了,然而"高阳酒徒"竟成了它的代名词了。嗜酒者,往往自喻,深以为荣幸,也许就是这个缘故吧。

一三、天无二日

"天无二日"的意思是,天上没有两个太阳,比喻一国不能同时有两个国君。

此典出自《汉书·高帝纪下》:"天亡二日,土亡二王。皇帝虽子,人主也;太公虽父,人臣也。奈何令人主拜人臣!"

刘邦做了皇帝,建立了西汉王朝,有一次回栎阳看望他的父亲。他五天拜见父亲一次,非常恭敬和孝顺。父亲的家令劝告刘邦的父亲说:"天上没有两个太阳,一国不能同时有两个国君。皇帝虽然是你的儿子,却是一国之主；你虽然是皇帝的父亲，却是陛下的大臣。怎能叫皇帝朝拜大臣呢！这样做，就会使皇帝的威信很难树立起来。"从那以后，刘邦再来拜见父亲的时候，他的父亲就拿着扫帚，直往后退，以示对刘邦的恭敬。刘邦大吃一惊，马上弯下身扶住父亲。父亲说："皇帝是一国之君，万民之主，怎能因为我破坏了天下应有的法度！"为此，刘邦十分赞赏家令说的那番话，赐给他黄金五百两。不久，刘邦发下一道诏书，尊称自己的父亲为"太上皇"。

一四、网开三面

"网开三面"的本来意思是说，将捕捉禽兽的网打开三面。后来，人们用"网开三面"比喻对罪犯或敌人从宽处理。

此典出自《史记·殷本纪》："汤出，见野张网四面，祝曰：'自天下四方皆入吾网。'汤曰：'嘻，尽之矣！'乃去其三面，祝曰：'欲左，左。欲右，右。不用命，乃入吾网。'诸侯闻之，曰：'汤德至矣，及禽兽。'"

大约在公元前16世纪，我国商族第十四代的首领

鬼谷子

叫汤,他灭掉夏朝,建立了中国历史上第二个奴隶制王朝——商朝。

汤是一个仁德的人。有一次,汤外出,看见有一个捕鸟兽的人在野地里四面张网,并祷告说:"从天上飞下来的,从地上走来的,从四面八方来的,都落到我的网里吧。"汤说:"唉,这样鸟兽不就都被捉光了!"他收去三面的网,只留下一面的网,并让那个捕鸟兽的人重新祷告说:"想去左边的去左边,想去右边的去右边,只有那些不听从命令的,才落到网中来吧!"诸侯们听到这个故事,称赞他说:"汤真是太善良了,他的仁德施及禽兽了。"结果,有40个诸侯归顺了他。

一五、符艾相争

"符艾相争"用以讽刺那些不学无术,只知道整天钻营谋利,闹个人纠纷的庸人。

此典出自《东坡志林》。

桃符仰起脸,大骂艾人:"你这个草人,算什么东西,胆敢高踞在我的头上!"艾人不甘示弱,回答道:"时已入夏,你已经半截入土,活不了几天,还争什么高低呢?"

桃符怒不可遏,又反唇相讥。它们互不服气,骂不绝口。

门神劝解说:"我们这些人因为没有什么能耐,才依附在别人的门下,哪里有工夫斗闲气呢!"

一六、付之一炬

"付之一炬"比喻一把火烧掉。

此典出自唐代诗人杜牧的《樊川文集·阿房宫赋》:"戍卒叫,函谷举,楚人一炬,可怜焦土!"

秦始皇曾建造了一座名叫阿房宫的大型宫殿。秦亡后,项羽领兵占领了秦都咸阳,一把火把阿房宫烧成了焦土。如今阿房宫旧址只残存着高大的夯土台基,高约七米,长约一千米,是全国重点文物保护单位之一。

唐代诗人杜牧为了向沉溺声色、大修宫殿的唐敬宗提出劝谏,写了这篇《阿房宫赋》。赋中写到,戍守边防的兵卒一声呐喊,函谷关被攻破;楚人放了一把大火,可怜阿房宫就变成了一片焦土。

 鬼谷子

一七、傅粉施朱

"傅粉施朱"原意是形容修饰面容,化妆打扮。现常用来比喻掩盖过失或掩饰事物的本来面目。

此典出自战国楚国宋玉《登徒子好色赋》:"著粉则太白,施朱则太赤;眉如翠羽,肌如白雪。"

战国末期,楚国有一位文学家叫宋玉。相传他是伟大诗人屈原的学生,在楚怀王、楚襄王时候做过文学侍从一类的官。

宋玉不但文章写得好,而且仪表堂堂,能言善辩。据说,有一次,大夫登徒子在楚王面前告发宋玉好色。楚王就问宋玉是不是这么回事儿?宋玉说:

"天下的美女没有比得过楚国的,而楚国的美女要数我家乡的最好。在我家乡的美女之中,最漂亮的要数我家东邻的那位姑娘了。她身材适度,增一分就高了,减一分就短了;她天生一副漂亮的面孔,不用擦粉抹胭脂,擦粉就太白了,抹胭脂就太红了;她的眉毛如翡翠鸟的青黑色羽毛,肌肤像白雪一样;她的腰像一束绢那样纤细,牙齿像排列整齐的白色海螺。她微微一笑就能

够迷倒所有的公子哥儿。但是,这位女子在墙头向我张望了三年之久,到现在我还没有接受她的追求。可登徒大夫就不同了,他那个妻子头发乱,耳朵斜,嘴唇遮不住稀疏的牙齿,走起路来驼着背而且一瘸一拐的,而且满身癞疥,患有痔疮。登徒大夫却非常喜欢她,跟她生了五个孩子。请大王认真想想,我们俩究竟是谁好色。"

一八、刚愎自用

"刚愎自用"形容人倔强固执、凭自己的主观意图行事,不听他人的话。

此典出自《左传·宣公十二年》:"伍参言于王曰:'晋之从政者新,未能行令。其佐先谷,刚愎不仁,未肯用命。其三帅者,专行不获。听而无上,众谁适从?此行也,晋师必败。且君而逃臣,若社。'"

春秋时期,有一年,楚国的楚庄王亲自率领军队讨伐郑国,包围了郑国的国都。楚军一直包围了三个月,郑国被逼得走投无路,只好投降。郑伯脱去衣服,手里牵着羊走出城去,迎接楚王,乞求说:

"我不能禀承天意事奉君王,如果您因为发怒前来

问罪,我罪有应得,愿意听您发落,只是求您千万不要灭掉郑国!"

楚国的大夫们说:"不能答应他,我们已经取得胜利了,岂能赦免他?"

楚庄王却说:"郑伯能自下于人,看来是能够让人信任的,还是答应他们媾和吧!"

于是楚庄王下令楚军撤退三十里,与郑国结了盟。郑国把子良送到楚国做人质。

这时候晋国的军队赶来援救郑国,荀林父作为中军统帅,先谷作为辅佐。士会、郤克、栾书、韩厥等将领也分别率领上军、下军,奔到黄河边上。荀林父听说郑国已经与楚国讲和,便对将领们说:

"我们晚来了一步,人家已经媾和了,等楚军退走以后我们再去打郑国的主意吧!"

先谷反对荀林父说:"这可不行!我们晋国就是因为军队作战英勇,才能称霸诸侯。如今碰上敌人不打就撤回,这是怯懦的表现。你们愿意逃跑可以,但我坚决不愿意,那样做不如死去!"说完,先谷就率领一部分军队渡过黄河,攻打楚军去了。

荀林父犹豫不决,进退两难。韩厥劝他说:"你是

第七章　揣篇

最高统帅，军队不听从命令是你的过错呀！加上又丢失了郑国，这罪过太大了，我看不如干脆进军，即使不能取胜，失败了我们大家可以分担责任，总比你一个人遭受处罚强些吧！"

"也只好这样了！"荀林父下了命令："全军渡过黄河，征伐楚军！"

楚庄王这时正在黄河边上休整，准备回国。听说晋军已渡黄河，他更想尽快离开，避免同晋国交战。但是他的宠臣伍参坚决不同意，他想与晋军大战一场。他说：

"我了解晋军的情况，他们的将领都是新换的，不能行使命令。尤其荀林父那位副手，他叫先谷，非常固执、任性，自以为是，不听指挥，所以晋军有令不能行，一定会失败的。而且您是楚国的国君，哪有一见敌人就仓皇逃跑的呢！楚国是不能忍受这个耻辱的！"

楚庄王采纳了伍参的意见，下令军队向北前进，迎战晋军。

晋军过了黄河，驻扎在敖山与缪山之间。郑国暗地里派人对先谷说："我们郑国对晋国是忠心的，暂时屈

从于楚国,与他们签订盟约是迫不得已,只是想保存国家。现在楚军疲累,正是攻打他们的好时机,我们郑国军队愿做你们的后援!"

先谷信以为真,果断地说:"好!打败楚国、降服郑国,就在此一举!"

楚军和晋军开始交战,因为楚军早有准备,所以很快就把晋军打得一败涂地,晋军伤亡严重,大败而归。

一九、高阳酒徒

"高阳酒徒"指喜欢饮酒、狂放不羁的人。

此典出自《史记·郦生陆贾列传》。

秦朝末年,刘邦举兵反秦。有一次,刘邦带兵经过陈留,有一个被称作"狂生"的人郦食其前去求见刘邦,报上姓名,向刘邦的侍者通报说:"我是高阳贱民郦食其,听说沛公(刘邦)冲风冒雨,率兵助楚讨伐不义的秦国,麻烦你通报一声,我想见见他,谈谈天下的事情。"侍者进去通报时,刘邦正让两个女子为他洗脚,他问侍者说:"什么样的人要见我?"侍者回答说:"像个大儒,穿着儒生的衣服,头戴一顶求见时才戴的高山冠。"刘邦一直都很讨厌儒生,有些儒生来见他时,他就把人家戴的帽子脱下来,往里边撒尿。即使交谈几句,也常常破口大骂,骂得也非常难听。这次郦食其求见,刘邦还算客气,对侍者说:"替我谢谢他吧,就说我正在关心天下大事,没有时间见儒生。"侍者就出去对郦食其说道:"沛公说谢谢你的美意。不过,沛公正在潜心研究天下大事,没时间同儒生闲聊。"郦食其瞪起眼睛按着宝剑怒斥侍者说:"快去!再进去告诉沛公,我是高阳酒徒,不是什么儒生!"侍者害怕了,连帖子都掉了,急忙跪下拾起郦食其的帖子,急忙就往回走,又进去报告说:"来的这位客人,是天下少见的壮士,他大骂了我一顿,我吓得连帖子都掉了。他说:'快去!再进去通报,说你老子是高阳酒徒。'"刘邦一听,立刻光着脚操起矛命令道:"请客人进来!"

二〇、曹操巧施离间计

三国时期,马超会同韩遂在关中起兵。曹操亲自率领大军西征,同马超的兵马在潼关一带相持。马超的父亲马腾同韩遂是旧交,马腾死后,韩遂也一直善待马

鬼谷子

超，二人关系十分密切。曹操与韩遂过去也有过一段交情。马超在潼关不敌曹军，便放弃潼关，退守渭口。曹操派大将徐晃率领一支人马驻扎在西河，一时间，马超腹背受敌，处于十分不利的形势中。

马超见处境险恶，便向曹操提出割地求和，曹操假意答应，暗地里却积极备战，准备进攻马超。韩遂回想起从前同曹操的交情，便请求与曹操面谈一回。二人相见，聊了很长时间，曹操对战事只字不提，只与韩遂回忆往昔在京都的旧情。

韩遂从曹营回来，马超问他："曹操说了些什么？"韩遂告诉他，曹操只是与他谈及二人往日的交情。马超心中生疑，心想：两军相遇，主帅间怎么可能只忆旧情而闭口不谈战事呢？看来其中有诈。

过了几天，曹操给韩遂写了封信，故意在信中圈圈涂涂，似乎被韩遂改过一样。他派人将信送给韩遂，韩遂读后又转交马超，马超阅后怀疑韩遂在关健地方进行了涂改，更加怀疑韩遂与曹操已串通一气了。从此，马超、韩遂二人有了隔阂，自然再也无法同心协力地作战了。曹操见离间计得逞，便大举进攻，将马超打得溃不成军。

第七章 揣篇

二一、赵子龙开营疑敌

三国时，蜀将黄忠在定军山大败魏军，并斩杀了曹操的族弟夏侯渊。曹操十分悲伤，亲自统领大军进攻蜀汉。

曹操将辎重粮草都囤积在北山下，黄忠打算截获这批粮草。于是，赵云便将自己所部人马，分给黄忠一部分，并同黄忠约定时间返回不料，黄忠出兵后，遇上魏军伏兵，被困在重围之中。黄忠率军左冲右突，无法杀出。赵云在军营中等待黄忠，不见回返，便带了10多名骑兵去迎接黄忠，路上，正遇上曹操指挥魏军与黄忠激战。赵云见状，跃马舞枪杀人魏军重围，会同黄忠杀开一条血路，突围出去，且战且走，一直厮杀到蜀军的军营。曹操指挥人马穷追不舍，很快也来到蜀军营前。

赵云进了军营，大开营门，并且偃旗息鼓。曹操见状，疑心赵云设下了埋伏，便下令停止进攻，犹豫半晌，不得不悻悻地引兵退去。赵云见魏军撤退，下令擂响战鼓，并命令士兵们射击，箭矢雨点般射向魏军，魏军惊骇不已，乱作一团，不少士兵堕入汉水中溺死。赵

鬼谷子

云以疑兵吓退了曹操。次日，刘备亲自到赵云的大营中察看，十分感叹地说："子龙一身都是胆啊！"

二二、张飞饮酒计

三国时，刘备派张飞进攻曹操占据的汉中，曹将张郃率兵抵敌。张郃安置了宕渠寨、蒙头寨和荡石寨三大营，并且都占据险要位置，置放了许多雷石滚木，坚守不出。

一张飞在离宕渠寨 10 多里的地方扎营后，便领军前来挑战。张郃却不加理会，在山上擂鼓鸣号，饮酒作乐。不出兵迎战。张飞无奈，只好领兵回营。次日，张飞派部将雷铜再去挑战，张郃还是坚守不出。雷铜很是气恼，指挥部下登山强攻，却被曹军的滚木雷石打得溃不成军，又遭到荡石、蒙头两寨曹军的追杀，大败而归。蜀军再也不敢贸然出战，这样两军对峙了 50 多天。张飞苦思破敌良策，终于想出一条妙计来。

张飞下令将大营移到宕渠山下，他自己每天大喝狂饮，醉后便坐在山前乱骂。刘备得知这一情况，十分焦急，急忙向诸葛亮问计。诸葛亮却毫不在意地说："翼

第七章 揣篇

德既然爱喝酒,不妨派三辆大车,送50瓮好酒给他,让他喝个痛快。"刘备一听,不解地问:"张飞向来喝酒误事,为什么不去劝阻,反而送酒给他呢?"诸葛亮笑道:"请主公放心,张飞这次佯作贪杯,正是他的歼敌之计呢。"刘备将信将疑,便派大将魏延前去送酒,并嘱他协助张飞作战。

张飞见魏延到了。便让他和雷钢二人依计行事。然后,张飞命令士兵们摇旗呐喊,鸣号擂鼓,他自己又痛饮起来。连日来,张郃得知张飞每日痛饮,并不出战,不知道他想玩什么把戏。渐渐地,张郃有些不耐烦了,便决定晚上下山偷袭蜀军大营,并让蒙头与荡石二寨的曹军也来参战。

晚上。张郃带领人马悄悄下了山,朝张飞的大寨扑了过去。张郃来到寨前见张飞还在帐中饮酒,便挥军猛地杀了进去,一刀砍上去,才发现原来是个草人。张郃大叫中计,急忙下令撤退。忽听帐后杀声大起,寻声望去,张飞已经率军杀了过来。张郃只好硬着头皮同张飞交手,打了几十个回合后,见援兵还没到来,不由得更心虚了。张郃战不过张飞,又等不来救兵,只好领兵逃往瓦口关。后来他才知道,蒙头、荡石两寨的曹军,在

半路上被埋伏的魏延、雷铜杀退了。

张飞巧用饮酒计,连破曹军三寨,大败曹军。刘备听到这一消息后,心中大喜,连连夸奖说:"二弟真是粗中有细。"

二三、根深蒂固

"根深蒂固"比喻旧的势力、意识、习惯等根基牢固,不容易动摇或改变。

此典出自《老子》第五十九章:"重积德则无不克,无不克则莫知其极,莫知其极则有国,有国之母可以长久,是谓深根固柢。长生久视之道。"

《老子》第五十九章,是老子的人生论和政治论。他根据奴隶主阶级为了要过奢侈荒淫的生活,不断地害人利己,从而酿成社会动乱的问题,提倡节俭,主张回到没有阶级、没有人剥削人、人压迫人的原始社会。

老子说:治理人民,遵循天道,没有比节俭再好的了。正因为节俭,所以能顺应自然道理,利人而不害人。这叫做重视积累美德。重视积累美德,则无往而不胜。无往而不胜,则没有人能估计出他的力量。没有人能估计出他的力量，则可以保有国家。保有国家，用此大道，则可以长治久安矣。这叫做深根固柢。这是长久生活的途径。

二四、挂牛头卖马肉

这个故事比喻用好东西作幌子来推销劣等的货色，亦指名实不符或言行不一。

此典出自《晏子春秋·内篇杂下》："君使服之于内而禁之于外，犹悬牛头于门而卖马肉于内也。公何以不使内勿服，则外莫敢为也。"

灵公喜欢宫内妇女女扮男装，没多久，整个齐国蔚然成风，所有的妇女，不论老少，都穿上了男装。灵公遂派官吏禁止，说："如果再有女扮男装的，给我撕破她的衣服，扯断她的衣带！"不久，到处都可以看到：女人的衣服被撕破了，衣带被扯断了，可是女扮男装的风气依然屡禁不止。

有一天，晏子拜见灵公，灵公问他说："我派官吏禁止女扮男装，违反命令的就撕破她们的衣服，扯断她们的衣带。现在撕衣断带的到处可见，但是女扮男装的

鬼谷子

风气还是制止不了,这是为什么呢?"晏子回答说:"君王在宫内大肆提倡女扮男装,在宫外却严加禁止女扮男装,正像店外挂着牛头,店内卖的却是马肉一样啊!君王要禁止女扮男装,如果在宫内禁绝,那宫外的妇女谁还敢再扮男装呢!"灵公说:"好吧。"于是禁止宫内女扮男装。这样,不到一个月的时间,全国上下就再没有一个妇女敢穿男装了。

二五、过河拆桥

"过河拆桥"比喻达到目的后就把帮助过自己的人一脚踢开。

此典出自《元曲选·康进之〈李逵负荆〉三》:"你休得顺水推船,偏不许我过河拆桥。"

周桓王十九年,郑庄公四三年,宋庄公九年(公元前701年),郑庄公得了重病。他把祭足叫到床前,说:"我有十一个儿子,除了世子忽之外,子突、子义、子都不相上下。不过,依我仔细观察,还是子突最有才能。我想传位给他,你认为怎么样?"祭足说:"按道理来说,君位应该传给大儿子,再说公子忽又屡建大功,

第七章 揣篇

国人都对他很信服。他在天子那儿做过人质,又曾帮助齐侯打退北戎。齐侯非常器重他,还准备把女儿许配给他。他在诸侯之间也有点名气,怎么可以把他废了呢?"郑庄公说:"子突不是个能安于下位的人,如果子忽当了国君,他一定不甘心,怎么办?"

祭足说:"先把子突送到其他国家去,免得他来抢夺君位。就是不知道该送到哪个国家才好?"郑庄公咳嗽了一阵子,说:"就送到宋国去吧!宋国是他外祖母的家。再说宋公冯又得到过咱们的照顾,他不会不答应的。"接着,他又哀叹着说,"唉,往后郑国太平不了啦!"

祭足退出来,耳朵里还回想着郑庄公的叹气声,他知道郑庄公向来有先见之明,他一定是考虑子突将来会抢夺子忽的君位。祭足总认为子忽不该回绝齐国的亲事。齐僖公对子忽一直都很赏识,想把自己的女儿文姜许配给他,曾三番五次地托人做媒,都被子忽坚决地拒绝了。他不答应的理由是:"郑是小国,齐是大国,门不当、户不对,不能高攀!"大丈夫应该自立自强,不能依赖裙带关系!祭足觉得子忽太不懂人情世故了,抓住大国的一条裙带要比多一支兵马还管用哩!由于祭足一直是支持子忽的,因而不免会替他担心。

郑庄公死后，祭足立公子忽为国君，就是郑昭公。郑昭公派遣使臣到多国去作友好访问，联络彼此的感情。他派祭足去宋国，顺便调查一下子突的情况。祭足到了宋国，见了宋庄公，还没说话，就被武士们绑了起来，他呼叫着说："我犯了什么罪呀？"宋庄公说："以后慢慢再告诉你吧！"祭足当即被囚禁起来，周围还挤着一大批武士把守着，弄得他坐立不安。

到了晚上，太宰华督亲自来看他，并带了些酒菜，算是来给他压压惊。祭足说："我不知道是哪儿触怒了你们，为什么要囚禁我？"华督说："你不知道宋国是子突的外婆家吗？他一到这里，他外婆雍家就央求我们主公全力帮助子突。反正子忽生性懦弱，根本不配做国君，所以我们主公要你把子忽废了，立子突为国君。"祭足说："这怎么行呢？他是先君立的，如果我废了他，不是叫天下人唾骂我的罪行吗？"华督说："你太傻了！谋君篡位的事哪一国没有？谁有势力，谁就当权。鲁国公子轨不也是这样得到君位的吗？我们主公又何尝不是这样呢？你只要放胆去做就行了！天塌下来有宋公顶着，怕什么！"祭足紧皱着眉头，默不作答。华督进一步对他施加压力说："如果你不答应，宋公会先杀了你，

第七章 揣篇

再派大将南宫长万护送子突进攻郑国去。到那时你早埋在地底下，后悔也来不及了。好汉不吃眼前亏，我看你还是答应吧！"祭足被逼得没有办法，横竖自己就是死了也保不住子忽的君位，只好答应了他们。华督还要求两人一起对天发誓，说话一定要算话，如果反悔，必遭上天报应。

第二天，宋庄公叫子突进去，对他说："郑国新君打发使臣来，托我把你杀了，还答应送我三座城，作为谢礼。我不忍心这么做，因此才暗中告诉你，你可得特别小心哪！"子突跪着说："我的生命在您手里了，只要您给我出个主意，我凡事都听您的，您要什么我就给什么，哪儿只是三座城呢？"宋庄公说："你要回郑国，必须要依赖郑国，依赖祭足帮忙方行，咱们找他来商量着办吧！"他就把祭足、华督一起叫进去。宋庄公说了一番动听的言辞，表示他本来想置身事外，不愿过问这件事，如果不是因为当年郑庄公待他厚道，子突又表现杰出，他根本不愿给子突出主意。不过，大家有言在先，免得以后反悔。他也不图什么谢礼，只要求子突给他三座城、一百对白璧、一万两黄金，每年再给他两万石谷子就行了。子突一心想回国，就不假思索地答应了宋庄

公的条件。宋庄公是个城府很深的人,做事一向谨慎,还叫子突和祭足落款签名,作为证据。他又怕子突和祭足各怀心志,使郑国不得太平,就要子突答应把郑国的大权交给祭足掌管,又叫祭足把女儿许配给宋雍氏的儿子雍纠,再拜雍纠为郑国的大夫。这样一切都安排妥当后,才叫子突跟着祭足悄悄回到郑国去。

　　祭足回到郑国,装病躲在家里。大臣们都到他家去问候。他们一见祭足脸色红润,衣冠整齐,都惊讶地问他:"听说你病了,可是你的神情哪儿像病了呢?"他说:"倒不是我有病,而是咱们的国家病了!先君宠爱子突,把他托付给宋公。现在宋公派南宫长万当大将,率领大军护送子突回来,很快就要来攻打我们了。怎么办呢?"大臣们听了这番话,你瞪着我,我瞪着你,都不敢多说。祭足又说:"想要宋国兵马退回去,只有立子突当国君这一个办法。好在公子突就在这儿,咱们大家分析一下吧!"高渠弥一向支持子亶,平常跟子忽就格格不入,虽然他不是真心要帮助子突,可是废了子忽也觉得非常痛快,于是他率先站出来,坚决地抚着宝剑说:"这是咱们国家的造化,我们愿意拜见新君!"大家以为他早就跟祭足约定好了,都不免有几分疑惧,又看

第七章 揣篇

到了角落里都是武士,更是惊魂不定,不敢提出异议。祭足马上请出子突跟大臣见了面,他又取出预先写好的一个奏章,叫大臣们签了字,再送去给子忽。奏章写着:"宋国出兵护送子突进来,我们没有别的办法可想,只好请主公退位。"祭足另外又偷偷写了密信给子忽,说:"请主公暂时退避一下,将来一有机会,我一定设法来迎接您。这是我的肺腑之言,决不失信。"子忽知道自己孤立无助,就出奔到卫国去了。随后,祭足立子突为国君,就是郑厉公。

郑厉公刚即位,宋庄公就打发人来给他道贺,还提醒他说话要算话,把当初许诺的东西送给宋国。郑厉公对祭足说:"当时急着回国,他予取予求,我都答应了。现在如果真的照办,郑国的国库就空了。再说刚一即位,就断送三个城,岂不叫人笑话吗?"祭足说:"白玉、黄金,多少先送点儿去,跟他们说:其余的以后再补上。至于三个城,是郑国的土地,不方便交割,干脆改送粮食好了。"他们真的就这么办了。宋庄公看到这么少的谢礼,非常生气。他原以为子突多有出息,没想到他当了国君,竟这般吝啬!他立刻逼迫郑国按照当初的约定,交付一切。他说他倒不是贪图财物,而是要子

突信守诺言，做事做人慷慨一点！这样来来去去地折腾了好几次。郑国还托鲁桓公辗转说情。鲁桓公也讲义气，当面跟宋庄公谈了好多次。到最后，宋庄公不但无动于衷，反而派人对鲁桓公说："这是我跟子突的事，别人管不着！"鲁桓公怒不可遏，破口大骂宋庄公。然后他转到郑国去，联合子突共同出兵攻打宋国。

宋庄公听说鲁国和郑国的兵马攻过来了，大吃一惊，急忙召集大臣们，商讨对策。公子御说："打仗固然要讲究兵力，也得考虑是非曲直。以前郑伯好意收留了主公，又护送主公回国，还邀约诸侯开会，正式确定了主公的君位。这么大的恩典，咱们不能过河拆桥，忘恩负义。现在我们贪图郑国的谢礼，逼迫着郑国，同时也得罪了鲁国。这是咱们自己理亏，我觉得，不如跟他们讲和吧！"南宫长万不甘心，嚷着说："对方已经打到咱们的城门底下来了，如果咱们一下都不打，就去求和，那还像个诸侯吗？"太宰华督接着说："这话不错！咱们总不能示弱呀！"

宋庄公就叫南宫长万出去迎战。双方摆开阵势，你来我往，交锋了几个回合。结果南宫长万打了败仗，宋国兵马死伤惨重。宋庄公只能眼看着郑国人和鲁国人凯旋而归。谢礼非但没要到，反而挨了一顿打，怎么能甘心呢？于是他立即打发使臣到齐僖公出兵相助。

守国的使臣对齐僖公说："郑国子突忘恩负义，过河拆桥。我们的主公很后悔当初送他回国。现在想邀您一起去攻打他，再叫子忽出来当君主，请您务必帮帮忙。"齐僖公本来打算把女儿嫁给子忽，虽然事情没成，不过对他还是很有好感，就说："子突赶走他哥哥，我也不敢苟同；但是我现在要去攻打纪国，没办法兼顾贵国的请求。如果贵国愿意先帮我去打纪国，我一定帮贵国去打郑国。"宋国真的就答应了齐僖公。

齐僖公又派人去约卫宣公发兵相助。卫宣公是齐僖公的女婿，不可能不帮齐僖公一把的。可是直到宋国的使臣又来约定出兵的日子，卫宣公仍然没有派人来。卫国可能是发生什么意外了！

二六、过江之鲫

"过江之鲫"比喻追逐时潮的人很多。

此典出自东晋初年的一句俗语："过江名士多

鬼谷子

于鲫。"

西晋时,司马炎和他的集团的统治是极其腐朽的。他们不但阴险毒辣而且极端荒淫无耻。这个统治集团,不但皇室司马氏是东汉以来的世代大官僚,就是一些大臣和高级官吏,也大都出身于东汉、曹魏以来的世家大族。他们在政治上享有特殊的权利,在经济上残酷地剥削人民,以致哀鸿遍野,民不聊生。

公元311年,洛阳被刘聪占据以后,北方的世家大族和各级官僚纷纷迁居江南,依靠驻守建业的琅邪王司马睿。公元317年,晋愍帝被刘聪杀死,司马睿在建康(建业改为建康)称帝,建立了东晋王朝。

虽然东晋王朝和西晋王朝在实质上没有什么区别,但当时北方的一些知名人士怀着各种目的,抱着各种幻想纷纷来到江南,从而使人们觉得他们像成群活动的鲫鱼一样,不可胜数。

二七、海屋添筹

这个故事是讽刺那些吹牛皮说大话的人。

此典出自《东坡志林》。

有三位老人相遇在一起,有人询问他们的年龄。

第一个老人说:"我的年岁已经记不清了,只记得我年少的时候,曾和盘古有过来往。"

另一位老人说:"每当大海的水变成田畴时,我就记下一个筹码,现在我的筹码已经放满了十间屋子了。"

最后一位老人说:"我所吃的仙桃不计其数,每吃一个仙桃,我就把桃核丢在昆仑山下。现在,那些丢掉的仙桃核已经和昆仑山一般高了!"

在我看来,这三位老人呀,与生命非常短促的蜉蝣和朝菌有什么区别呢?

二八、好好先生

"好好先生"讽刺的是那些世故圆滑,凡事都说好的人。

此典出自冯梦龙《古今谭概·癖嗜》。

后汉时,有个叫司马徽的,从不谈论别人的短处,只要跟人说话,无论好事坏事都说好。有人问司马徽是否平安,他都回答说:"好。"有人告诉他说儿子死了,他回答说:"很好。"妻子责备他说:"人家觉得你有德

鬼谷子

行,才告诉你。为什么听到别人儿子死了,反而也说好呢?"司马徽说:"你这句话说得也很好。"

二九、司马懿韬光养晦

三国时,司马氏和曹氏有着复杂的关系,他们互相帮衬又相互抗争。前期,曹操太能干、太强了,他虽然很赏识司马懿的才干,但认为他"内忌而外宽,猜忌多权变",并不信任他,对他有疑虑、不放心,他曾对儿子曹丕说:"司马懿非人臣也"。司马懿对此心中有数,在曹操的强权支配下,他只好韬光养晦,任相府主簿,勤勤恳恳地管理相府的事务。在曹操面前,司马懿伪装得很巧妙,安于现状,有功未赏不计较,官职不升不在乎。他勤勉工作,毫无怨言。还好,曹操的儿子曹丕对司马懿不错,有所袒护,所以,这个相当厉害、相当危险的人物,没有被曹操识破,没有被杀掉,安然地度过了。

曹丕称帝后,司马懿的机会来了,新皇帝曹丕没有疑虑他,反而给以充分的信任。曹丕对司马懿经常是言听计从,比如,司马懿曾建议曹丕御驾亲征吴、蜀,曹

第七章 揣篇

丕不但接受了，还封司马懿为尚书仆射，在曹丕亲征期间，留守许昌，总断一切国政大事。曹丕临死时，司马懿已是抚军大将军，与中军大将军曹真、镇军大将军陈群、征东大将军曹休一起，受遗诏辅助新帝曹睿。曹睿继位后，封司马懿为骠骑大将军，提督雍、凉等处兵马，实际上执掌了魏国的精锐部队。后来，虽有马谡、诸葛亮的反间之计，司马懿曾经被削职夺兵权，但曹真抗蜀屡败后，他又被官复原职，并授命为平西都督，重掌兵权。曹真死后，他更是军权独揽。显然，在曹丕、曹睿时期，司马懿已经由曹操时默默无闻的相府主簿，跃升为曹魏集团的核心领导成员，参与了魏国重大政策和策略的制定和执行，后期更是兵权独揽。

曹睿后期，司马懿已位极人臣，他统领曹魏大军，与蜀汉、东吴对抗。他熟读兵书，老谋深算，是足智多谋的诸葛亮的真正对手。他统兵期间，以各种各样的战略战术，让北伐中原的蜀军无可奈何，让六出祁山的诸葛孔明，命丧五丈原。

司马懿在领兵征战，而曹氏集团则失去了曹操时的积极进取精神，也没有曹丕时的雄心勃勃，变得日益奢靡腐朽，魏明帝曹睿大修宫苑，骄奢淫慾，奴役民众，

国府日贫。曹氏集团的统治已潜伏着巨大的危机,狡诘多谋的司马懿应该是心知肚明。

公元237年,司马懿率四十万大军远征辽东,平定公孙渊叛乱,在班师的路上被朝中派来的使节急令诏回许昌。原来,魏明帝病情日重,已危在旦夕。曹睿自知日子不长了,他命侍中光禄大夫刘放、孙资掌管枢密院一切事务,封燕王曹宇为大将军,辅佐太子曹芳摄政,但曹宇谦恭温和,坚辞不肯上任,刘放、孙资受过曹真的恩惠,就推荐曹真之子曹爽,曹爽被封为大将军,而燕王曹宇则被诏遣归国,无诏不得入朝。司马懿入朝觐见魏主,曹睿说"朕只怕见不到爱卿了,今日能相见,死而无憾!"司马懿磕头跪奏:"卑臣在路中,听到陛下圣体不安,恨不能长两个翅膀,飞到宫阙中,今日得能见到皇上,是臣的万幸!"曹睿宣召太子曹芳、大将军曹爽、侍中刘放、孙资到御榻之前,曹睿紧紧拉着司马懿的手说:"昔日刘玄德在白帝城病危,将幼子刘禅托孤给诸葛孔明,孔明因此而竭尽忠诚,至死方休,偏远的小邦尚且如此,何况我们大国?朕的幼子曹芳,年方八岁,还不能胜任于管理社稷。幸而有太尉及宗兄元勋旧臣,竭力相辅,无负朕心!"曹睿又特别对曹芳说:

第七章 揣篇

"仲达和我亲如一人，你该尊敬他。"曹睿令司马懿领曹芳到近前，曹芳抱着司马懿的脖子不放，曹睿说："太尉别忘了幼子今日的依恋之情！"说完，黯然泪下，司马懿也磕头流泪。曹睿处于半昏迷状态，说不出话，手指着太子，不久就断气了，司马懿、曹爽辅助太子曹芳登皇帝位，开始了司马懿和曹爽共同辅政的时代，初期，曹爽可能知道自己的功绩、才能均不如司马懿，所以处事谨慎，大事均和仲达商量，曹将军和司马太尉的配合似乎还不错，但时间久了，将军的门下亲信开始出馊主意。

曹爽有门客五百多人，其中五个亲信，他们浮华时尚，颇有名望。这五人是：汉大将军何进之孙、玄学名士、尚书何晏，东汉开国元勋邓禹之后邓飏，司隶校尉毕轨，曹操时的"典军校尉"丁斐之子丁谧，河南尹李胜。此外，曹爽的亲信还有"世为冠族"的大司农桓范，此人颇有谋略，人称"智囊"。何晏见曹爽附和司马懿，不能主大事，就向曹爽建议："主公的大权不能委托他人，免生后患。"曹爽说："司马公与我同受先帝的托孤之命，哪能忍心背叛他？"何晏说："当年曹真老主公与仲达抗击蜀兵时，就是被他气死的，主公难道没弄明白吗？"曹爽醒悟，与幕僚亲信商议后，向魏主奏明："司马懿功高德重，可以加升为太傅。"曹芳准奏。曹爽一帮人以明升暗降的方式给司马懿戴了一顶高帽，却剥夺了他的兵权，曹爽掌握了兵权，让他的弟弟曹羲为中领军，曹训为武卫将军，曹彦为散骑常侍。三个弟弟各领三千御林军，自由出入禁宫。曹爽兄弟手握兵权，掌控禁军。曹爽日夜与何晏、邓飏、毕轨、丁谧、李胜等议事，并饮酒作乐，广招美女，建楼筑阁，极尽奢华。这时，司马懿则推脱有病，请求告老养病，获准后他闭门不出，而司马懿的两个儿子也退职闲居在家里，父子三人韬光养晦，等待时机。

曹爽和何晏、邓飏等喜欢出外打猎，曹爽的弟弟曹羲比较有头脑，他提醒曹爽说："兄长威权显赫，但喜欢外出游猎，如果被人暗算，后悔就来不及了。"曹爽肤浅，他说："兵权在我手中，有什么好怕的？""智囊"桓范也力劝，曹爽就是不听。这时，魏主令李胜由河南伊改任荆州刺史，曹爽就令李胜到太傅府中辞别，探看司马懿的动向。多谋善断的司马懿听门吏来报后就对两个儿子说："这是曹爽让他来探看我的病情虚实。"于是，司马懿开始伪装，他去冠散发，靠在床上窝在被

第七章 揣篇

子里,还让两个卑女搀扶着,这才叫李胜进来。李胜到床前拜问说:"好一阵不见太傅了,想不到病得这么重。现在天子令我任荆州刺史,特来拜辞。"司马懿装成听不清,说:"并州离朔方近,对防备有利。"李胜更正说:"任荆州刺史,不是'并州'。"司马懿笑着说:"你刚从荆州来吗?"李胜说:"是汉区域上的荆州。"司马懿大笑说:"你是从荆州来的。"李胜说:"太傅如何病成这个样子?"左右的人说:"太傅耳聋了。"李胜说:"请借纸笔用用。"司马懿看李胜写的,笑着说:"我病得耳朵聋了,你此去请多保重!"说完,用手指指口,服侍的卑女喂汤,司马懿把嘴靠近,但汤流满了衣襟,他用哽噎的声音说"我衰老重病,快要死了,两个儿子不成器,你要多教教他们,若见到大将军,千万要请关照他们。"说完,倒在床上,气喘吁吁。李胜走后,司马懿对二子说,李胜回去报告消息,曹爽必然不会提防我了,等他出城打猎时,我们才能采取行动。司马懿的这一出戏,演得很精彩,李胜被骗了,曹爽也被骗了。

曹爽认为司马懿已对他不构成威胁,有一天,他请魏主曹芳去拜谒高平陵,祭祀先帝,众官随驾,曹

爽带三个弟弟还有何晏等亲信及御林军随行,走到半路,大司农桓范在拦住马进谏说:"主公总领禁军,不宜兄弟同时出城,如果城中有变,该如何应付呢?"狂妄的曹爽挥鞭驳斥说:"谁敢生变,请勿再乱言!"司马懿见曹爽出城,实在太高兴了,他等待的时机终于来了。

司马懿立即进驻中书省的办公地点,把符节和斧钺交给司徒高柔,令他代行大将军职务,先占据曹爽的营寨,又令太仆王观代行中领军职务,占据曹羲的营寨。而后,司马懿引一帮老臣进入后宫,启奏郭太后,说曹爽违背了先帝的托孤之恩,奸邪乱国,所犯的罪足以被废黜。郭太后大惊失色地说"天子在城外,现在该怎么办啊?"司马懿说:"臣有奏明天子的表章,诛杀奸臣之事,请太后不必担忧。"太后非常惧怕,只好顺从司马懿了。司马懿立即命令太尉蒋济、尚书令司马孚,一同写好奏章,派人出城启奏皇帝。司马懿自己引领大军占据军事要地。

这时,曹爽手下的司马鲁芝、参军辛敞逃出城去,司马懿怕"智囊"桓范也逃出去,急忙令人去找,但桓范假称有太后诏书,骗过守城门的老部下,逃出城去

第七章 揣篇

了。司马懿得知大惊,说:"智囊"逃了会泄密,现在该怎么办?太尉蒋济说,劣马只会惦记着马棚里的草料,桓范不会受到重用的。司马懿召来许允、陈泰,请他们去见曹爽,说司马太傅没有别的用意,只是削去曹爽兄弟的兵权而已。一会,司马懿又召来殿中校尉尹大目,令蒋济写好书信,请尹大目转交给曹爽,并嘱咐说,你和曹爽交情深厚,你去见他,就说我和蒋济指着洛水发誓,只为兵权,没有别的事。

曹爽在打猎正打得起劲,听说城中有变,太傅有表奏,完全失去了原来的狂妄,吓得差点从马上掉下来。司马懿的表章说曹爽背弃顾命,败乱国典,内则僭拟,外专威权,离间二宫,有无君之心,请求罢去曹爽、曹羲、曹训三兄弟的官职,回到诸侯驻地,不得停留,留则军法从事。

曹芳听近臣读完奏章说,太傅主张这样,你曹爽该怎么办?曹爽吓得不知所措,急问两位弟弟,曹羲说:"我曾进谏过,你执迷不悟,司马懿谲诈无比,孔明还无法胜他,何况我们兄弟,不如自己绑了去见他,还能免于一死。"逃出来的人报告说城中把守得像铁桶一般,太傅领兵守住洛水浮桥,大势已去。这时,桓范也来了，他向曹爽说："太傅已政变，将军为何不奏请天子巡幸许都，掉动外面的兵马来讨伐司马懿呢？"这个主张其实是相当高明的，如果曹爽采纳了，那司马懿可就麻烦大了，仲达最终能否取胜还很难说。可是，曹爽不仅没有及时采纳建议，还婆婆妈妈地说："我们的全部家属都在城中，哪能投靠到别处去求援呢？"桓范说："普通人遇难，还知道求活，如今主公跟随天子，号令天下，谁敢不呼应你？哪里能自寻死路呢？"曹爽听了犹豫不决，只顾痛哭流涕。桓范又说："这次到许都，只不过是中途宿住，城中的粮草，足够支撑几年，现今主公别处营寨的兵马，离得不远，呼之即来。大司马的印鉴，我带来了，主公快点行动，迟了就没救了。"可怜的曹爽说："众官不要逼我，让我好好想想。"过了会儿，侍中许允、尚书陈泰到了，对曹爽说，"太傅只是因为将军权太重，不过是要削去兵权，别无他意，将军可早点回到城中。"曹爽沉默不语，这时，殿中校尉尹大目也来了，向曹爽说："太傅指着洛水起誓，没有别的用意，有蒋太尉的书信在此，将军可削去兵权，早归相府。"曹爽相信这是好意。桓范告急说："事情已十分危急，不能轻信外人而自投罗网！"曹爽一夜流泪，仍

第七章 揣篇

是犹豫不决，桓范催他早作决断，他把握了一夜的剑丢掉，叹气说："我不起兵了，情愿丢官，只作为富翁已足矣！"桓范大哭，走出帐篷，绝望地说："曹子丹以智谋而引为自豪！如今这兄弟三人，真是小猪小牛一般。"许允、陈泰让曹爽先交印绶，曹爽命令交，主簿杨综扯住印绶哭着说："主公今日舍去兵权自缚去降，难免东市受戮杀！"曹爽天真地说"太傅必定不会失信于我的！"

　　曹爽三兄弟回城时，没有一个侍从，回到府邸，被司马懿软禁了，曹羲向其兄建议向太傅借粮，如果肯借，就没有加害之意。粮是借到了，曹爽也很高兴，认为仲达没有害他之意。可是，司马懿正在大肆抓人问罪，搜集罪证。他先将黄门张当下狱问罪，张当供出了何晏、邓飏、毕轨、丁谧、李胜是同谋。城门守将司蕃报告说桓范矫诏出城时大喊太傅谋反，桓范也被捉下狱。最后，司马懿把曹爽三兄弟连同一帮人犯，全都斩于东市，灭其三族，家产财物，全部抄了入库。司马懿放了鲁芝、辛敞和杨综，让他们官复原职，认为他们当时是各为其主，是忠义之士。

　　魏主曹芳封司马懿为丞相，加九锡。司马懿和司马

鬼谷子

师、司马昭父子三人，同领国事。诛杀曹爽三兄弟，使司马氏成功了走向了夺取曹家天下的第一步。后来，司马懿死后，司马师、司马昭专权独断，司马师废了曹芳，另立汉文帝之孙、高贵乡公曹髦为帝。司马师死后，司马昭自封为天下兵马大都督，司马昭又杀了曹髦，立曹奂为名存实亡的天子。司马昭死后，长子司马炎为晋王，后司马炎篡位，完成了政归司马氏的最后步伐，司马氏彻彻底底取代了曹氏。

曹氏的节节败退，曹爽的失败起了关键的作用，曹爽天真、懦弱、迟疑不决、只知贪图享乐，他斗不过多谋、狡诘、行事果断、善于韬光养晦的司马懿。曹爽太轻信人了，他相信司马懿的洛水立誓，认为司马懿会让他保住性命，享受富贵。可是，连司马懿都不相信自己的誓言。像所有野心的政客一样，司马懿的毒誓是说给政敌听的，是最认真的谎言。曹爽在关键时刻，没有采纳"智囊"桓范的建议，失败是必然的。

司马懿是个阴险人物，是很善于伪装的权臣，也是有大阴谋、大谋略的政治家，他的虚伪、无情、残酷，令人十分讨厌。但是，他韬光养晦之计，却有深刻的谋略学意义。

三〇、遥制朝政的尔朱荣

尔朱荣，北秀容（今山西朔县北）人，其先世为部落酋帅，因居尔朱川，故以此地名为姓，其高祖尔朱羽健，在北魏登国年间（386～395年），是领民酋长，率契胡武士一千七百人，助北魏道武帝拓跋珪进攻后燕，在平定晋阳、中山之役中立下大功，拓跋珪下令把尔朱川周围三百里地封给他，永为世业。到尔朱荣的父亲尔朱新兴时，家资已是相当雄厚，牛、羊、驼、马，各以颜色为群，不计其数，朝廷每有战事，则献马资助。尔朱荣继承家业，养有部曲八千。北魏正光年间（520年～525年），各族人民起义蜂起，尔朱荣知天下将乱，便散其畜牧资财，暗地招募勇士，结纳豪杰，侯景、司马子如、贾显度、段荣、窦泰等人皆闻名去投奔他。后来贺拔岳、高欢、尉景等人陆续依附了他。

六镇起义时，起义浪潮波及到秀容郡，内附民乞伏莫干先率众起义，攻破秀容郡，杀秀容太守。南秀容牧子万于乞真也率领牧奴起义，杀太仆卿陆延。并州牧奴素和婆岭也聚众造反。这些起义都先后被尔朱荣派兵镇

鬼谷子

压。其后乞步落又举起义旗,刘阿如也率领一支义军活动于瓜州、肆州之间,敕勒人北到步若也反于沃阳,斛律洛阳反于桑干,又都被尔朱荣的队伍屠杀。孝昌二年(526年)八月,尔朱荣率军到达肆州,肆州刺史尉庆宾知其有野心,恐有意外,紧闭城门,不允许尔朱荣军入城,尔朱荣大怒,攻破该城,改任其从叔尔朱羽生为肆州刺史,尔朱荣兵精马壮,势力越来越大,北魏朝廷想借他之力扑灭起义军,对他乱杀地方朝廷命官不仅不怪罪,而且再次晋升他为镇北将军。鲜于修礼领导的河北起义兴起后,尔朱荣上表请求东讨,被进号为征东将军、右卫将军、假车骑将军、都督并、肆、汾、广、恒、云六州诸军事,进为大都督,加金紫光禄大夫。后葛荣火并杜洛周军,义军声势盛,尔朱荣又上书朝廷,请求允许他带三千骑兵东援相州,卫护邺城,胡太后不许。唯恐他势力过大后,朝廷无法牵制,反养虎遗患。胡太后的亲信大臣徐纥也建议胡太后离间尔朱荣部将,以削弱他的力量。尔朱荣无奈,只得分兵北捍马邑,东塞井陉,再等待机会,对徐纥也更加愤恨。

这时在朝廷内部,胡太后与孝明帝元诩之间的矛盾也逐渐激烈。胡太后不愿让孝明帝执政,凡与孝明帝亲

第七章 揣篇

近的大臣,均被胡太后一一除去,孝明帝也厌恶郑俨、徐纥帮助胡太后,极想除去。因手中无实权,朝中无得力大臣,无法办到,于是想借助外援达到夺权的目的。他给尔朱荣下了一道密诏,命他率军赶赴洛阳。尔朱荣接诏,立刻以高欢为先锋,急向洛阳进军,大军行至上党,孝明帝觉此举不妥,又忙下令停止进军。此事被郑俨、徐纥得知,恐大祸降临,忙与胡太后密谋,孝昌三年(527年)春,鸩杀了孝明帝元诩。又以一个才生下的皇女充做皇子,立为皇帝。不久,见人心已安,复下诏说前所立皇帝实际上是女婴,应当重新选择一个王子为帝,于是改立临洮王元宝晖的世子元钊为帝。元钊年仅三岁,胡太后想长久执掌朝政。因此故意挑选了年幼的元钊为帝,朝廷大权仍操在胡太后手里。

　　胡太后的所作所为,为尔朱荣进军洛阳制造了机会。尔朱荣听到朝廷大变动的消息后,立即与并州刺史、北魏宗室元天穆商议,欲率铁骑入洛阳,翦诛奸佞,更立年长者为君。深为元天穆赞同。乃上书直言:"孝明皇帝崩驾,海内咸称为鸩毒致祸,现在群盗沸腾,邻敌窥视,而想以年幼儿童镇天下,不是怪事吗?希望允许我赴京,参预大议,寻察帝暴崩之由,法办徐纥、

郑俨之徒。然后重择宗亲以继帝位。"胡太后内心畏惧，赶快派尔朱荣的从弟尔朱世隆至晋阳抚慰尔朱荣。三月，尔朱荣与元天穆商量，以为长乐王元子攸素有威望，可立为皇帝。二人议定，乃遣侄儿尔朱天光及亲信奚毅等人潜入洛阳，征询尔朱世隆的意见，并面见元子攸，向他转述了尔朱荣之意，元子攸表示同意。尔朱天光归晋阳报告后，尔朱荣对立元子攸为帝之事仍然有所犹疑便令工匠以铜为孝文帝及咸阳王元禧等六王的子孙各铸一个铜像，能铸成者当立为帝，结果唯有元子攸的铜像铸成了。尔朱荣坚定了主意，乃自晋阳发兵。胡太后闻讯，召集诸王公计议，宗室大臣都痛恨胡太后所为，无人言语，徐纥独认为，尔朱荣是小胡，破之不难。胡太后也以为是这样，任命黄门侍郎李神轨为大都督，率众拒抗尔朱荣，另派别将郑季明、郑先护率兵守御黄河大桥，派武卫将军费穆屯兵小平津，阻拦尔朱荣入洛。

尔朱荣率军至河内郡后，遣心腹王相秘密进入洛阳，迎接元子攸。四月丙申这一天，元子攸与兄彭城王元劭、弟霸城公元子正暗暗由高渚北渡黄河，与尔朱荣在河阳相会。三日后，大军南渡过黄河，元子修正式即

第七章 揣篇

皇帝，是为敬宗孝庄皇帝。以兄元劭为元上王，以弟元子正为始平王，以尔朱荣为侍中、都督中外诸军事、大将军、尚书令、领军将军、领左右，封太原王。元子攸称帝后，胡太后派遣的守将郑先护、郑季明、费穆当天倒戈投降尔朱荣，李神轨见势不好，急忙率军逃归。徐纥得讯，知大势已去，矫诏在夜里开了宫中门，骗取骅骝厩御马十匹奔兖州，郑俨也逃隐乡里。胡太后无处可走，把孝明帝后宫嫔妃尽数召来，命令全部出家为尼，胡太后自己也落发出家。尔朱荣派人召百官前来迎接孝庄皇帝。第二天，百官奉玺绶，备法驾，前往河桥迎孝庄帝。次日，尔朱荣派骑兵抓来胡太后与幼主元钊，送至河阴（今河南洛阳市北），胡太后对尔朱荣极力解释，尔朱荣不听，拂衣而起，下令把胡太后与幼主沉入黄河。又骗百官到行宫西北集合，声称要祭天，待百官到齐后，命骑兵层层包围，纵兵大杀，自丞相高阳王元雍、司空元钦、仪同三司义王元略以下，百官死者达二千余人。又令军士高呼："元氏既灭，尔朱氏兴"。军士皆称万岁。又另遣军士数十人闯入行宫，杀元子攸兄元劭与弟元子正，迁元子攸于河桥，严加看守。此次事变，史称"河阴之变"。

鬼谷子

　　高欢等人都劝尔朱荣称帝，贺拔岳认为不妥，尔朱荣犹疑不决，自铸金像占卜，连铸四次未铸成。功曹参军刘灵善卜筮，尔朱荣特别迷信他，就问他可否称帝，回答说不可。尔朱荣又欲让元天穆称帝，也回答说不可，刘灵助说："唯长乐王有天命耳。"于是尔朱荣取消了自己称帝的念头，又于当天夜里迎接孝王帝还营。尔朱荣所带骑兵杀的大臣太多，不敢入洛阳城，有心向北迁都，武卫将军ｔ凡礼坚决反对，尔朱荣才奉送孝庄帝入洛阳皇宫。这时洛阳城几乎成为一座空城，士民闻尔朱荣进洛阳，无论贫富，纷纷外逃，百官残存者也逃窜躲匿不出。孝庄帝登太极殿，下诏大赦，改元建义，只有散骑常侍山伟一人跪在下面，后见尔朱荣不再杀戮，士民才陆陆续续回到洛阳。

　　尔朱荣仍然想迁都，后见宫阙壮丽，列树成行，才罢迁都之议。五月，孝庄帝加拜尔朱荣为北道大行台，尔朱荣至明光殿，再次向孝庄帝谢河桥之事，发誓决不再有二心，孝庄帝也保证没有疑心。为稳住尔朱荣，孝庄帝又纳尔朱荣女为皇后。尔朱荣回到晋阳，令元天穆入洛阳，任侍中、录尚书事、京畿大都督兼领军将军，又以行台郎中朱瑞为黄门侍郎兼中书舍人，朝中要官也

第七章 揣篇

全以心腹充任。七月,教武帝又加尔朱荣为柱国大将军、录尚书事、大丞相、都督河北畿外诸军事。这时葛荣领导的起义军正向洛阳进发,尔朱荣自率骑兵围攻,葛荣轻敌被俘,被尔朱荣囚车送给孝庄帝。孝庄帝又加尔朱荣食邑十万户,为太原国邑,进位太师。

前北魏北海王元颢,当"河阴之变"时南奔萧衍,这年十月,萧衍又立元颢为北魏皇帝,年号孝基,派大将陈庆之送元颢还洛阳。孝庄帝以为元颢兵弱,不以为虑,命元天穆等将先镇压山东的邢杲起义,然后再回师征元颢。谁知陈庆之用兵神速,乘虚径进,连克梁国、荥阳、虎牢等城,进逼洛阳。事出意外,孝庄帝只带少数随从逃离洛阳,北渡黄河到达上党长子。尔朱荣由晋阳赶到长子,与孝庄帝相见,率兵反攻过黄河,大败陈庆之军,元颢、陈庆之复南奔萧衍。孝庄帝归洛阳复位,加拜尔示荣天柱大将军。其后,尔朱荣又命人镇压了葛荣余部韩楼率领的起义军,又命雍州刺史朱天光镇压了关陇起义军,俘斩万俟丑奴等人,扑灭了北魏农民起义的烈火。

尔朱荣虽然远居晋阳,但遥制朝政,朝廷要臣多是其党羽,朝中大小事情,都须向他汇报。选拔大小官

吏，皆由他定夺。再加上尔朱皇后性妒忌，孝庄帝是外逼于尔朱荣，内迫于皇后，极为不满。便与城阳王元徽、侍中李彧、杨侃、尚书右仆射元罗等人密谋，决意杀尔朱荣。永安三年（530年）九月，尔朱荣至洛阳朝见孝庄帝，孝庄帝伏兵于明光殿东廊，当尔朱荣与其长子尔朱菩提、元天穆等人坐定后，伏兵冲出，杀元天穆与尔朱菩提，孝庄帝亲手刃了尔朱荣。尔朱荣在朝党羽纷纷外逃。

尔朱荣死后，北魏政局更为动乱。同年，尔朱荣的侄儿尔朱兆轻骑袭击洛阳，驱散卫士，生擒孝庄帝，送至晋阳杀死。尔朱世隆等人先立长广王元晔为帝，后又改立为广陵王元羽之子元恭为帝。尔朱氏家族虽然暂时还控制着朝政。但由于内部不团结，互相猜忌，其力量大为削弱，后来，尔朱氏家族尽被高欢诛灭，北魏政权又操纵在高欢手里。

三一、恭圣仁烈杨皇后

恭圣仁烈杨皇后，广读史书，精于权术，在人选皇后的竞争中，受到宰相韩侂胄的强烈反对，但由于深得

第七章 揣篇

宁神皇帝喜爱，终于如愿以偿。

皇后之兄杨次山的门客王梦湘，得知韩侂胄的态度后，秘密报告了杨后，杨后对韩侂胄十分衔恨，并与杨次山谋划，想借故杀死政敌。正好韩侂胄在朝廷中倡议对金朝用兵，收复中原失地。杨后令皇子赵眼人朝上奏："韩侂胄再开战事，将对社稷不利。"宁宗不作回答。杨后便亲自出马，在旁边对赵党的讲话极力表示赞同，宁神还是不作回答。为防止意图泄露，杨后又让杨次山物色可以信任的朝中大臣，共同图谋。和部侍郎史弥远，素来与韩侂胄不和，非常高兴地接受了杨后赋予的使命。参知政事钱象祖曾因反对用兵而被贬斥信州，史弥远便先与他取得联络。礼部尚书卫泾、著作郎王居安、前右司郎官张镒都参与了预谋。开禧三年（公元1210年）十一月三日，当韩侂胄早朝时，史弥远秘密派遣中军统制夏震埋伏在六部桥侧，率强健士兵将韩侂胄围裹到玉津园，用棍棒打死，并回报弥远。钱象祖等人都来到延和殿，把杀死韩侂胄的消息通报皇帝。宁宗不相信，过了三天，还是认定韩俯胄未死。因为这个预谋全部出自杨后与杨次山等人，皇帝当初并不知晓。

鬼谷子

杨后杀死韩侂胄后,史弥远日益显贵。嘉定十四年(公元1221年),宁宗因继承人未定,收养宗室之子赵贵和,立为皇子,赐名赵竑。史弥远做宰相,得到杨后的信任,于是便大权独揽。赵竑逐渐心中不平。当初,赵竑喜欢琴,弥远就买善于弹琴的美貌女子送给他,私下却对美人家施以恩惠,令美人窥伺皇子的一举一动。赵竑对这位美人十分宠爱,一天,他指着地图对她说:"这里就是琼压州,他日一定要将史弥远放逐此地。"美人把赵竑的话告诉了史弥远。赵竑又在木几上写字道:"史弥远应当判决充军八千里!"赵站左右都是史弥远的心腹,跑步将此事报告史弥远。史弥远非常恐惧,暗中藏畜异志,想立另一个宗室之子赵购为皇子,并秘密与赵昀联络交往。

嘉定十七年(公元1224年)闰八月丁西,宁宗去世,史弥远连夜召赵昀入宫,杨后还不知情。弥远派杨次山之子杨谷和杨石向杨后说明废立皇子的事情,杨后不允许,她说:"皇子是先帝选立的,岂敢擅自变动!"这夜,史弥远通过二杨往返七次劝说,杨后始终不同意。杨谷等人跪着哭诉说:"内外军民都已归心,若不立赵购,祸变必生,那么杨家就要有灭门之灾了。"杨后默默地考虑了很长一段时间，最后问："赵昀现在哪里？"史弥远等人召赵昀入见，杨后抚摸着赵购的背说："你从今天起就是我的儿子了！"于是改诏书废赵竑为济王，立赵昀为皇子，继承皇帝之位；赵购尊杨后为皇太后，共同处理朝政。

三二、韩世宗投鼠忌器

苗傅、刘正彦谋反，张浚等人在平江商议讨伐，听说韩世忠来了，觉得丰常欣慰，张浚更是按捺不住内心的喜悦。之前，韩世忠接到张浚的书信，十分悲痛，他举杯祭神说："誓不与此贼共戴天！"士兵们都表示奋勇当先。见到张浚后，韩世忠说："今天的大事，我愿与你共同分担，你不要过份忧心。"韩世忠想立即进兵，张浚劝阻说；"投鼠忌器，事情不能着急，急了恐怕发生意外，已经派遣冯用好话去引诱敌人了。"

三月戊戌，韩世忠率兵从平江出发，另一位将领张俊担心韩世忠兵少，把刘宝的二千名士兵借给了他。行军的船队满载着披着盔甲的战士，连绵三十里。部队到秀州后，世忠称病，不再前进，开始造云梯，治器械，苗傅等人才感到了恐惧。在此之前，苗傅与刘正彦听说韩世忠来了，便传檄命令他去江阴驻扎。世忠用好话来哄骗二人，并说自己的部队人数很少，想到都城驻扎。苗傅等人大喜，准许他引兵前来，并且矫诏，封韩世忠、张俊为节度使。二人表示不接受。

当时，韩世忠妻梁氏和儿子韩亮被苗傅扣作人质，严密看管。朱胜非哄骗苗傅说："今日启奏了太后，太后派遣梁氏与韩亮"人慰抚韩世忠，这样一来，在平江的各位将领就会安定了。"于是，苗傅等人封梁氏为安国夫人，派她迎接韩世忠，劝说韩赶快前来勤王。梁氏驱马出城，一天一夜后，与韩世忠在秀州相会。

不久，明受皇帝下来诏书，韩世忠说："我只知道有建炎皇帝，不知道有明受皇帝。"杀死来使，将诏书焚烧，全速向京城前进。到达临平后，苗傅手下的将领苗翊、马柔吉背靠高山，面对大河列成阵势，在江河的中流放置鹿角，阻挡战船。韩世忠弃舟力战，张继、刘光世也相继赶到，加人战斗。部队进攻不利，稍微后退，韩世忠又弃马挺枪来到阵前，命令将士们："今日应该以死报国，脸上不中数箭者都要斩首。"于是战士

第七章 揣篇

们拼死作战。叛军排列神臂弩,拉满弓弦等待射击,韩世忠瞪着眼睛大声呼喊,挺刀快步向前冲去,敌人吓得躲避,弓箭来不及发射,终于败退。苗傅与刘正彦带二千精兵,打开涌金门逃跑了。

韩世忠驰马入城,高宗步行来到宫门口,握着韩世忠的手痛哭道:"中军吴湛是辅佐逆贼最积极的人,还留在我的身边,能不能先杀掉此人?"韩世忠便谒见吴湛,握着手与他说话时,突然折断了他的中指,并拉到街市上将他处决。高宗提升韩世忠为武胜军节度使、御营左军都统制。韩世忠主动请战说:"叛军拥有精兵,距离项、闽很近,如果让他们在那里做成巢穴,就不容易消灭了。我请求前去征讨。"于是,又被任命为江、浙制置使,从衡、信二州出发追击残敌,在渔梁驿同敌人相遇,韩世忠挺枪步行向前,叛军望见,都恐惧地说:"来人是韩将军!"一哄而散。韩世忠擒获刘正彦与苗翊,又在建阳抓住了苗傅。离朝时,韩世忠对高宗说:"我发誓生擒贼首,为社稷雪耻,请求派殿前的虎贲卫士们护送俘虏。"最后,韩世忠终于实现了誓言。高宗亲手写下"忠勇"二字,连同一面红旗赠给了他。

鬼谷子

三三、庄宗问郭崇韬

梁朝军将康延寿来投奔唐军,郭崇韬把他请到住处,向他寻问梁军情况。康延寿说:"梁军将分兵四路一起进兵,以使唐军困迫。"唐庄宗李存勖很担忧,召集军中将领商量进攻梁军的办法。宣徽使李绍宏请求府军放弃郓州,与梁朝订立盟约,以黄河为界,相互间互不侵扰。

庄宗心里很不高兴,独自躺在军帐之中,他叫来郭崇韬问道:"你有对策了吗?"郭崇韬回答说。"我读书不多,不能与古代贤能相比,还是说一说当前的事吧。陛下您兴兵举义,图存霸业,为报国仇雪家耻,您转战征伐,铠甲里都长了虱子,老百姓也因支援军队而困乏。现在您新立国号,黄河以北的官员和百姓每天都盼望扫荡叛逆,平息祸乱。才得到汉阳这方寸之地,如果连这都守不住,哪里谈得上把中原之地全部占据!陛下。国。来赋税。充,人们议论生怨,如果划黄河为界,谁来为您守护边界呢?从康延寿说了梁军情况后,我日夜谋划,估算了我们的兵力,分析了梁军的行动安

第七章 揣篇

排,我认为不出今年,一定能决出胜负。听说梁军要使黄河决口,在滑州到郓州间注入大水,不用船就无法过去,又听说梁军精兵全部归在段凝部下,王彦章每天侵扰郓州境界,他们以大军逼进我们南部边界,又想凭借将黄河决口,使我军不能南渡,目的是要收复坟阳,这就是梁军的计划。段凝据守在黄河岸边,打算与我军相持,我请求带一些兵将守护邺城,保卫杨刘城,陛下您亲自率大军,向大梁迅速进兵,长驱直人,大梁城无梁军守卫,听到陛下的威名,自然溃败。如果使梁朝君主归降,那么梁军也就自然倒戈投顺我们,半月之间,天下必然平定。如果不果断地这样去做,离开根本,采用别的对策,我担扰事情不能成功。今年秋粮尚未成熟,军粮仅够支用几个月,如果敢地下决心,至少谁胜谁负还说不定,不然,只有坐视失败。我曾听说在道旁造屋,三年也造不好,可见要成事是艰难的,而帝王顺应势事,必有上天保佑,成功与失败由上天而定,请陛下自己决断。"庄宗高兴地一跺脚说:"你说的正符合我的心意,大丈夫胜就为王侯,败则为俘虏,行动计划就这样决定了!"当日就传令全军,让家眷都回到魏州去。庄宗把刘皇后和兴圣宫的使从继发送到朝城西郊的长

亭，哭着与他们告别。庄宗说："形势危急紧迫，现在必须决战，如果事不成功，就再也不能相见了。"

庄宗派李绍宏和租庸使张宪留守魏州，率领大军从杨刘渡过了黄河。这一年，唐军生擒梁将王彦章，诛灭梁朝，使段凝归降，这些都是因为郭崇韬助佐庄宗，实现了灭梁的计划。

三四、海瑞谏皇帝

明世宗为人猜忌刻薄，凡是敢于说真话，如杨继盛这样爱提意见的官员，不是被杀头、监禁，就是被革职、充军。因此，后来没有人再敢批评他。但是到嘉靖四十五年，晚年的明世宗遇到一个不怕死，敢于揭他痛处的官员——海南琼山人海瑞。

此时，严嵩父子虽然倒了台，但贪污腐化，吏治败坏的风气没有丝毫改变，明世宗仍然沉溺在求仙问药之中。老百姓越来越穷困。海瑞当时任户部主事，他要上一道奏章，希望皇帝从迷信中醒悟过来。

他知道，奏章呈上去，就会有杀身之祸。但他决心已下，就事先遣散了家人，安排好后事，又给自己买了

第七章 揣篇

棺材，诀别了妻子，才将他的奏章呈进宫去。

明世宗倒是耐着性子读完了他的奏章。可是他越看越气。那上面写道：

"陛下即位之初确做过些好事，可是后来却沉溺在神仙和仙药中，追求长生不老。可是尧、舜、禹、汤、文、武这些古圣贤，还有秦、汉那些自称有仙术的方士，至今还有在的吗？陛下叫人到处采购炼丹的药材，又大兴土木，修建道宫，耗尽了民脂民膏，弄得民穷财尽。怪不得现今老百姓都说：陛下年号叫"嘉靖"，是家家户户干干净净的意思。陛下二十多年不上朝，滥派官职，跟亲人、官员不见面，猜忌、杀戮臣下，弄得国弱民穷，君道不正，臣职不明，形势非常严重。陛下自比为尧、舜，臣下以为连汉文帝都不如……"

明世宗气得七窍生烟，将奏章狠狠地摔在地上，大喊道："赶快把这个家伙抓起来，别让他逃跑了！"

宦官黄锦说："听说这个人不怕死，做官清廉。他自知触犯陛下，活不成了，已经安排好后事，准备好棺材，不会逃跑的。"

明世宗沉默半晌，再将奏章拾起反复阅读，觉得海瑞的话多少有些道理，自言自语连声叹息说："这个人倒像比干，只是朕还没有商纣王那么坏吧！"他好几个月没有作批复。

但明世宗后来还是下旨将海瑞抓了起来。不过，才过了两个月，明世宗就死了。他的儿子明穆宗即位，才将他放出监狱，恢复了官职。

海瑞，号刚峰。小时候家中很贫穷，所以他能体会穷人的痛苦。他没中过进士，开始仅做县学的教谕（学官）。到任后，他就革除学生向教官送礼送酒食的习俗。提学御史视察县学，县官与其他教官迎接时都下跪，唯独海瑞不下跪，只作揖。他说：学校是教学的地方，不是衙门，教师不该给长官下跪。

后来海瑞做浙江淳安知县，带头废除官员们许多滥收的费用，又严格执行迎来送往时不许铺张浪费、不许赠送礼物的规定。有一回，严嵩死党鄢懋（yān mào）卿以御史的身分，到江南视察，他表面上发出文告，叫地方官员不要送礼，不要铺张浪费，实际上却暗示要吃山珍海味，要收受好处。

消息传到淳安，海瑞自然不愿迎合他。他亲自给鄢懋卿写了封信，说："读了大人的文告，知道大人喜欢简朴、不爱拍马屁。我相信大人说的都是真心话。但是

第七章 揣篇

我听说，大人南下，沿途各处都为大人办了丰盛的酒席，每桌三四百两银子，很阔绰，连便壶都是银子做的。这大约是那些地方官员没有真正领会大人的本意，以为大人心口不一，实际是个喜欢巴结，讲究排场的浮华之徒吧？"

鄢懋卿气得脸发红，手发抖，但只好不去淳安了。

还有一次，浙江总督胡宗宪的儿子路过淳安，嫌驿馆招待不周，将管事人倒吊起来殴打。

衙役慌慌张张跑到县衙门禀报。海瑞说："有办法对付。"便带着衙役来到驿馆，叫人先将胡公子抓起来，又从他的行李中搜出几千两银子。胡公子大喊大叫："海瑞，你好大胆，敢抓堂堂总督公子！"

海瑞笑着说："总督大人有布告，再三告诫属下各州县，迎接上官，不得铺张。这个人如此猖狂，还有大批来历不明的银子，一定是冒充的胡公子，败坏总督的名声，必须严办！"他命令将银子收进国库，另写了封信，连人送到杭州，请胡宗宪发落。胡宗宪是哑巴吃黄连，有苦说不出，只好将自己儿子臭骂了一顿。

公元1569年，海瑞出任江南巡抚。有钱有势的人家，听说海瑞来了，都夹紧了尾巴，有的躲避到别的地

鬼谷子

方去，有的把自己朱红的大门漆黑，减少人们的注意。海瑞强迫那些拥有大量土地的豪强大户将强占的土地退出来，分给穷人，而且先拿当朝首辅徐阶家开刀。他还领导疏浚了苏州的吴淞江、常熟的白茆（máo）河。

海瑞的施政措施，获得民众拥护，却遭到官僚地主的反对。由于不断遭到排挤，海瑞被迫辞官回到家乡。公元1583年，他才被起用为南京吏部右侍郎，这时他已是七十二岁的老人了。但他仍勤勉地操劳着，直到死在任上。

他一生没有置过田产。死时，家中只有十多两俸银。还是同僚凑钱为他办的丧事。

第七章 揣篇

揣篇第二

揣情者，必以其甚喜之时，往而极其欲①也，其有欲也，不能隐其情；必以其甚惧之时，往而极其恶也，其有恶者，不能隐其情。

情欲必知其变。感动而不知其变者，乃且错②其人勿与语，而更问所亲③，知其所安。夫情变于内者，形见于外；故常必以其者见者，而知其隐者；此所谓测深探情。

【注释】

①往而极其欲：顺着对方情绪，把对方的欲求推向极点。

②错：同措，措置，搁下。

③更问所亲：向旁人作外围了解。也可以理解为探求对方所喜欢的话题。

【译文】

想要揣测实情，必须在他最高兴的时候前去，而且最大限度地刺激他的欲望。当他一产生欲望，就不能隐瞒真实意图。或者在他最恐惧的时候前去，而且最大限度地增强他的恐惧、厌恶。当他产生恐惧、厌恶时，就不能隐瞒自己的真实意图。

真情欲望必然早在他的情感发生极端变化时不自觉地表现出来，如果感知了他的情感，却还不能了解他的变化，就暂且放开他，不同他交谈，而另去询问他亲近的人，了解他的爱好是什么。感情在内心发生变化的人，必然从外部表现出来。所以必须经常观察他举止的外在表现，而了解他内心隐藏的感情，这就是所说的揣测他人内心深处而揣度真情。

【感悟】

人的真实感情往往都是在极端喜悦或极端恐惧的时候表现出来的，因此要了解一个人的真实情感，只要想方设法使他极端高兴或极端害怕就可以达到目的。

第七章 揣篇

【故事】

一、伍员秦庭之哭

春秋时，楚平王无道，父纳子媳，宠信奸臣费无忌，毁法乱纪，并杀太师伍奢及其大儿子伍尚。次子伍员，出奔吴国。伍员，字子胥，偷渡昭关，来至吴市，无以为生，吹箫乞食。

在伍员逃亡吴国的途中，曾遇到楚故人申包胥。申包胥问其何往？伍员将平王杀害父兄之事，如实告之。包胥说："平王虽无道，君也。足下世受国恩，君臣之分已定，奈何以臣而仇君？"伍员说："父母之仇，不共戴天，桀纣诛大臣，唯无道也。楚王纳子媳，弃嫡嗣，信谗妄，戮忠良，我必须到吴请兵，扫荡楚国污秽，以报亲仇。"

包胥说："我要教你借兵报楚，则为不忠，若教你不报，又陷你于不孝。你好自为之吧。你对我说的话，我绝不告诉别人。不过，我应该告诉你的，只有两句话，那就是——你能覆楚我必能存楚，你能危楚我必能安楚。"

鬼谷子

伍员到了吴国,见知于公子姬光(后来专诸刺杀了吴王僚,姬光继位,也就是吴王阖闾)。姬光推荐于吴王僚,拜为大夫。

吴国因楚太子建之母,遭受攻击,求救吴国,吴王僚遣姬光迎建母于陨城。楚平王大怒,出师伐吴,吴亦兴师拒抗。适楚军统帅阳疵暴敝,诸侯从属军,各自慌张,吴军在姬光的策划下,大破楚军。吴军乃取建母楚夫人而归。楚平王见吴军势大,忧虑成疾,久治不愈而死。太子珍即位,为楚昭王。

伍员在吴,听说平王已死,痛哭流涕,姬光怪而问之。伍员说:"我非哭楚王,恨我不能在其生前,枭其首,以雪我恨,故痛哭也。"

姬光继位吴王后,楚侵蔡,蔡侯求救于吴。伍员说吴王兴兵,拜孙武为大将,伍员、伯氾副之。出兵六万,援蔡伐楚。

孙武是历史上有名的军事家,用兵如神。伍员又报仇心急,再加上楚师统帅囊瓦,是个贫贱之辈,故不旋踵楚军即败,楚昭王逃出郢都。伍员未能活捉昭王,而平王又死去多年,恨无可雪,遂掘平王墓,鞭尸三百,稍解其恨。

第七章 揣篇

申包胥逃避夷陵，闻伍员掘墓鞭尸，认为做得太过。他致书伍员，必践复楚之约。他想到楚昭王之母，是秦哀公的女儿，秦楚有舅甥之谊。包胥乃求救于秦，星夜西驰，足踵俱裂，到雍州，见秦哀公说："寡君失社稷，逃草莽，乞念甥舅之情，兴兵解围。"哀公说："我自保不暇，安能济人？"包胥说："秦楚边界，楚灭将及于秦，存楚即固秦，楚亡，秦亦不保也。"

秦哀公意未决。包胥不居驿馆，不解衣冠，立于秦庭之中，昼夜号哭，不绝其声，是七日，哀公惊讶曰："楚有此贤臣，尚至于此。寡人无此贤臣，吴更不能容我矣。"遂起兵救楚。

二、三家灭智

吴王夫差和越王勾践相继兴起的时候，中原诸侯非常衰弱。所以，黄池大会，夫差当上了霸主；徐州大会，勾践当上了霸主。然而中原诸侯越是衰弱下去，大夫的势力越发大了起来。那时候，鲁国的"三桓"掌握鲁国的大权；齐国的田恒（就是陈恒）掌握齐国的大权；晋国的"六卿"掌握晋国的大权。这三国的君主都

只是名义上的君主。黄池大会之后，田恒杀了齐简公，灭了鲍家、晏家、高家、国家，把齐国的土地从平安以东都划为他自己的封邑，齐国的大权全掌握在他自己手里。晋国的六卿看到田恒杀了国君，灭了各大家族，还得到了齐国人的帮助，他们也就自己并吞起来了。

晋国的六卿乱七八糟地混战了一阵。后来，范氏和中行氏被人家打败了，晋国的大权就归了四家，即：智家、越家、魏家、韩家。

晋国的四家——智伯瑶、赵襄子无恤、魏桓子驹、韩康子虎——之中，智伯瑶的势力最大。他对赵、魏、韩三家说："晋国一直是中原的霸主，没想到在黄池大会上，赵鞅让吴国占了先，在徐州大会上又让越国占了先。这是咱们的耻辱。现在只要打败越国，晋国仍然能够当上霸主。我主张每家大夫拿出一百里的土地和户口归给公家。只有公家增加了收入，才能够有实力。"这三家大夫早就知道智伯心怀不轨，他是想独吞晋国。他所说的"公家"其实就是"智家"。可是他们三家没有齐心协力，没法跟智伯对抗。智伯派人向韩康子虎要一百里的土地和户口，韩康子虎如数交割了。智伯派人向魏桓子驹要一百里的土地和户口，魏桓子驹也如数交割

第七章 揣篇

了。就这样智伯增加了二百里的土地和户口。接着他又派人去找赵襄子无恤要一百里的土地和户口。赵襄子无恤没有答应。智伯派韩、魏两家一块儿出兵去打赵家,还答应他们灭了赵家之后,把赵家的土地三家平分。

智伯自己统率着中军,韩家的军队在右边。魏家的军队在左边,三队人马直逼赵家。赵襄子知道寡不敌众,就带着自己的兵马退到晋阳(在山西省太原)城里,打算在那儿死守。

没有多大工夫,三家的兵马就围起了晋阳城。赵襄子吩咐将士们只许守城,不准交战。每次三家攻打的时候,城上的箭就好像雨点似的落下来,智伯一时打不进去。晋阳城就依靠着弓箭守了一年。可是把箭都使完了,怎么办呢?赵襄子为此闷闷不乐。家臣张孟对他说:"听说当初董安于在宫殿里预备了无数支箭,咱们找找去。"这一下子提醒了赵襄子,立刻叫人把围墙拆了一段。果然围墙里面全都是做箭杆的材料。又拆了几根大铜柱子,做成了无数的箭头。赵襄子叹息说:"假如没有董安于,如今上哪儿找这么些兵器去呢?假如没有尹铎,老百姓哪儿能这么不怕辛苦、不怕死地守住这座城呢?"

鬼谷子

三家的兵马把晋城围了两年多，都没攻下来。到了第三年，周贞定王十六年（公元前453年），一天，智伯正在察看地形的时候，忽然想起晋阳城东北的那条晋水来了。晋水由龙山那边过来，绕过晋阳城往下流去。如果把晋水一直引到西边来，晋阳城不就淹了吗？于是他立刻吩咐士兵们在晋水旁边另外挖了一条河，一直通到晋阳城，又在上游那边砌了一个挺大的蓄水池。在晋水上垒起土堆来，让上游的水不再流到晋水里去。当时正是雨季，一连下了几天大雨，蓄水池里的水都满了。智伯叫士兵们在蓄水池边开了一个大口，大水一直向晋阳城灌进去。不到几天工夫，晋阳城里的房子就被淹了一大半。老百姓跑到房顶上避难。竹排，木头板子都当了小船。烧火，做饭都在城墙上。可是全城的老百姓，宁可淹死，决不投降。

赵襄子叹息着说："这全是尹铎爱护百姓的功德啊！"回头又对张孟同说："民心虽说没变，要是水势再高涨，咱们不就全完了吗？"张孟同说："形势虽然非常紧急，但是我老觉得韩家和魏家绝不会把自己的土地平白无故地让给智伯。如果他们不是出于无奈，才不跟着他来打咱们。依我看，主公多预备小船、竹排、木头板

第七章 揣篇

子,再跟智伯在水上拼个死活。我先去见见韩、魏这两家去。"赵襄子当天晚上就派张孟同偷偷地去跟两家协商。

第二天,智伯请韩康子和魏桓子一起去察看水势。他指着晋阳城,高兴地对他们说:"你们知道吗?水能灭国。以前我以为晋国的大河像城墙一样可以挡住敌人;依照晋阳的形势看来,大河反倒是个祸患了。你们瞧:晋水能够淹晋阳,汾水就能淹安邑(魏家的大城),绛水也就能淹平阳(韩家的大城)。"他们两个人连连答应说:"是,是!"智伯见他们答话有点慌里慌张,好像挺害怕的样子,才觉得自己话说错了。他笑着说:"我心眼直,想什么就说什么,你们可别多心!"他们又连着回答说:"哪儿会呢!哪儿会呢!您是顶天立地的英雄。我们能够跟随您,蒙您抬举,已经非常荣幸了。"他们嘴里尽管这么说,心里可都觉得赵襄子派张孟同来找他们,对他们是有好处的。

第三天晚上,大约四更天,智伯正在睡梦里,猛然间听见一片嚷嚷声。他连忙从卧榻上爬起来,发现衣裳和被窝已经湿了,兵营里全是水。他想可能是堤防决口了,就立刻派士兵去抢修。不一会儿工夫,水势越来越

 鬼谷子

大。智伯的家臣智国和豫让带着水兵，扶着智伯上了小船。智伯在月光下回头一瞧，看到兵营里的东西在水里漂荡着。士兵们在水里一浮一沉地挣扎着。智伯这才明白是敌人把水放过来的。正在惊慌不定的时候，霎时四面八方都响起战鼓来了。一看韩家、赵家、魏家三家的士兵都坐着小船和木排，一齐杀了过来，见了智家这些"落水狗"，就连打带砍，一点不肯放松。中间还夹带着喊叫的声音："别放走了智瑶！拿住智瑶的有赏！"智伯对家臣豫让说："原来那两家也反了！"豫让说："别管他们反不反，主公赶紧往那边走，上秦国借兵去吧！我留在这儿对付他们。"说着，他跳上一只木排，杀开一条路，命令智国保护着智伯逃跑。

智国保护着智伯，坐着小船一直向龙山那边划去。这一带没有追兵。智伯才喘了口气。好容易他们把船划到龙山跟前，急急忙忙地上了岸。幸亏东方已经发白，他们顺着山道走去。跑了一阵子，稍微松了一口气。不料刚一拐弯，迎面碰见了赵襄子！赵襄子早就料到智伯会打这条路儿逃跑，预先带了一队兵马在这儿等着他。当时就抓获智伯，砍下他的脑袋。智国也就自杀了。

三家的兵马会合到一块儿，拆掉了河边的堤防，大

第七章 揣篇

水仍流到晋水里去，晋阳城又露出干地来了。

赵襄子安抚了居民之后，向韩康子和魏桓子道谢。他说："这回全仗着二位救了我的命，实在出乎意料。智伯虽然是死了，但是他的同族人还多着呢。斩草得除根，否则，终究是个祸患。"韩康子和韩桓子一起说："一定要把他的全族灭了，才能解恨！"他们一同回到绛州，宣布智家的罪恶，依照古时候的习惯把全族的男女老少杀得一干二净。赵襄子还不解恨，把智伯的脑壳做成一个瓢，外面涂上油漆，把它称为"夜壶"。

韩家和魏家的一百里土地，当然又各自收了回去。他们把智伯的土地三股平分了。当然晋哀公没有份。

三、荆轲献计

燕太子丹在秦国做人质，逃跑回去后，看到秦国大将王翦攻破了赵国，俘虏了赵王，一直打到燕国的南边国境。燕太子为了摆脱困境，就请来了荆轲，一起商讨对策。他对荆轲说："秦兵将要打过易水了，到那时，即使我愿意长期陪伴先生，也不可能了。"荆轲说："听说秦王悬赏捉拿樊於期将军，谁捉到赐金千斤，封侯万户。今樊於期将军避难投奔了燕,如果我们把樊於期的脑袋和燕国督亢的地图,献给秦王,秦王一定非常高兴地接见我,我就乘机刺死秦王以报答太子。"太子丹说:"樊将军因无处容身才来投奔我,我不能为了私利而伤害长者,请荆卿再想想其他的办法。"

  荆轲知太子不忍伤害樊将军,就背地里去见樊於期说:"秦王让你遭受的祸害太深了。父母宗族都被他们杀光了。现在秦王要以金千斤、万户邑来买你的脑袋,你看怎么办呢?"樊将军仰头呼天,泪如泉涌,深深地叹了一口气说:"我每次想起这些,都会痛入骨髓,却总想不出个办法来。"荆轲说:"我有一个办法,既可以解燕国之患,又可以报将军的深仇。"樊於期连忙凑近荆轲问:"你有什么办法?"荆轲肃然,对樊於期说:"愿把将军的头,献给秦王,秦王一定会很高兴地接见我,然后我就趁机左手抓住秦王的衣袖,右手以匕首刺杀他,这样将军的仇报了,燕国的耻辱也洗脱了,将军觉得怎么样?"樊於期卷起袖子,凑近荆轲说:"此臣日夜切齿拊心也,今乃得闻教。"(意思是:这是我白天黑夜咬牙捶胸的恨事,但不知如何能雪此恨,而今才得你的教诲。)

  樊於期说完,就拔剑自刎了。

第七章 揣篇

四、自食其果的春申君

战国时,楚考烈王无子,相国的春申君为此非常担心。后来,有赵国人李园携带一女子来到楚国,想献给楚王。但后来听说楚王没有生育能力,就转而投靠春申君,春申君就将她占为己有。

过了一段时间,这女子怀了孕,她私下对春申君说:"楚王对你的宠爱,已远远超过了他的兄弟。你在楚国为相已有二十余年,可是楚王死后,他兄弟为王,肯定重用他的亲信,你如果把我献给楚王,生的是儿子,一定立为太子。今后太子为王,你就是太子的父亲。这样,楚国不就是你的了吗?"春申君觉得此话有理,就将女子献给了楚王。后来,这女子真的生下一个儿子,后来果然被立为太子。而李园也因此受到楚王宠幸。

几年后,有一个叫朱英的人对春申君说:"楚王病重,不久就要去世。关于太子的事,只有你与李园最清楚。听说他养有刺客想杀死你,他又在楚王身边,有一天楚王去世,李园一定杀你灭口。所以,你应该早作准备,杀死李园。"春申君说:"李园是个仆人,又软弱,

鬼谷子

哪里能做这种事呢？"就拒绝了朱英的意见。

不久，楚王去世，李园真的叫人埋伏在宫门，等春申君进宫时，一刀将他砍死。

五、汉高祖逐鹿中原

公元前196年，西汉巨鹿郡郡守陈豨在大将韩信的支持下自立为代王，举兵叛乱。汉高祖刘邦亲自率兵攻打陈豨，吕后用计杀死了韩信。

刘邦从征伐陈豨的军营中归来，到洛阳后，听说韩信已死，一边为除掉韩信而高兴，一边为他以往的功绩怜惜。刘邦问道："韩信死的时候，说过什么话吗？"吕后回答说："韩信死前，说他悔恨自己没有采纳蒯通的计策。"刘邦说："蒯通是齐国有名的辩士。"他下令齐国逮捕蒯通。蒯通被抓来以后，刘邦问他说："你叫淮阴侯韩信造反吧？"蒯通回答道："是的，我一再要求他造反，只是他不采纳我的建议，以致落了个灭亡的下场。假如这小子采用了我的建议，您怎能杀得了他呢？"刘邦大怒，说："来人，把蒯通烹了！"蒯通说："唉，如果烹了我，那真是太冤枉人了！"刘邦觉得很奇怪，

第七章 揣篇

问道:"你叫韩信造反,罪不容诛,有什么冤枉的呢?"蒯通回答说:"秦朝政权解体,东部各地大乱,各色人等同时起义,豪杰之士像乌鸦那样聚到一起。秦王丢掉了帝位,天下的人都起来追求它,本领大而脚又快的人先得到了。人们常说,'盗跖的狗向贤明君主尧狂吠,并不因为尧不仁德,而是由于他不是狗的主人。'当我为韩信出谋划策的时候,我心里只为韩信着想,并没有为你着想。况且,天下许多人都磨快了刀想像你这样去争夺政权,只是力量薄弱罢了。难道你可以把他们全部烹杀了吗!"刘邦听了,理屈词穷,只好对部下说:"算了,放了他吧!"为此,饶恕了蒯通的罪过。

六、真假张飞擒严颜

三国时,刘备进入四川后,派义弟张飞领兵攻打巴郡。当时巴郡太守是蜀中名将严颜,他知道张飞武艺高强,勇不可挡,便入城固守。张飞率军一连攻了10多天也没能得手。

有一天,张飞突然停止了攻城,严颜一时间丈二和尚摸不着头脑,很是疑惑不解。他登上城头望去,只见

 鬼谷子

张飞的士兵正三五成群地进山，到傍晚时分才背着柴草从山中返回，这样持续了好几天。严颜不知道这个猛张飞葫芦里到底卖的是什么药，便派一些士兵装扮成张飞的部下，混在人群中进山砍柴，以便打探虚实。

派去的士兵回来报告说，他们探听到张飞已经找到了一条小路可以攻入巴郡城，那些进山打柴草的军士原来是去探路的。而且，张飞已经传令各部，当晚便从小路攻城。严颜听完，大吃一惊。巴郡城周围都是山，如果张飞沿山路攻城，居高临下，巴郡就危在旦夕了。

严颜决定亲率大军埋伏在张飞军攻城的必经之地，给张飞来一个措手不及。半夜，张飞军果然来了，只见张飞手握丈二长矛，骑在马上，走在大军的最前面，渐渐向严颜的埋伏圈走近。眼看张飞军已走过一半，严颜亲自擂响战鼓，伏兵突然杀出。

两军刚开始厮杀，严颜突然发现，又一位张飞横矛跃马从背后向自己刺来，便慌忙应战，战了几个回合，被张飞生擒。严颜这才回过神来，原来刚才率军走过埋伏圈的那位"然飞"是由士兵化装的，意在将伏兵引诱出来，真张飞后来才出现。严颜为张飞的妙计所败，不得不佩服张飞是个智勇双全的将才。

七、张飞疑兵阻敌

三国初期,刘备在北方同曹操多次交战,均告失败,只好率领人马投奔荆州刘表。不久,刘表死去。曹操平定了北方的割据势力后,正准备举兵南下。刘表的儿子刘琮同部将蒯越等人密谋投降曹操,但对刘备保密。

刘备觉察后,曹操的人马已到了宛城。刘备措手不及,只好率部及10多万荆州民众撤往江陵。由于有10多万百姓跟从,行军速度很慢,在当阳一带被曹军追上。两军混战一场,刘备的两位夫人及襁褓中的阿斗都散失在乱军中。刘备已顾不得许多了,只好自己先走,留下张飞断后。

张飞率领兵马已战已退,掩护刘备。退到灞陵时,张飞身边仅剩下几十人跟随了,而曹军人多势众,气势汹汹地扑了过来。张飞急中生智,命士兵们砍下一些树枝缚在马尾上,在附近的树林中跑来跑去,扬起许多灰尘。张飞自己立马横枪站在桥上,对追来的曹军猛地喝道:"我是燕人张翼德,谁敢上前与我决一雌雄?"

曹军都知道张飞勇冠三军。又发现他身后的树林中尘土飞扬,怀疑有伏兵,所以谁也不敢贸然出击。这时,赵云身背在乱军中找到的刘备的儿子阿斗过了桥与刘备会合了。张飞巧施疑兵计阻止了曹军的追击,使刘备得以顺利抵达夏口,以图东山再起。

八、荀彧料事如神

袁绍兼并了河朔之地(泛指黄河以北)后,有骄傲之意。而曹操被张绣所败,袁绍给曹操的书信态度非常傲慢。曹操大怒,想要先攻打他,而担心力量比不过,说同荀彧商量。荀彧估量袁绍虽然强大,最终将被曹操制服,于是劝说先攻取吕布,然后谋取袁绍,曹操听从了他。建安三年(公元198),擒获了吕布,平定了徐州。五年(公元200),袁绍率领大军攻打许城,曹操与他互相对峙。袁绍兵势非常强盛,议论的人都心怀恐惧。少府孔融对荀彧说:"袁绍土地辽阔,兵力强盛,田丰、许攸等聪明多计策之士为他谋划,审配、逢纪等忠诚尽力之臣为他办事,颜良、文丑勇冠三军,统领他的军队,恐怕难以战胜吧?"荀彧说:"袁绍兵虽多而法纪不完备，田丰刚烈而好犯上，许攸贪婪而不正直，审配专权而无谋略，逢纪有决断而自以为是，颜良、文丑只有匹夫之勇，可一战而将他们擒获。"后来都如荀彧的筹划那样，事情在《袁绍传》中。

九、为鸦伸冤

"为鸦伸冤"这个典故比喻那些能够体察民间疾苦、铁面无私、执法如山、为百姓申冤昭雪的人的战斗精神。

此典出自《北梦琐言》："唐温璋为京兆尹，勇于杀戮，京邑惮之。一日，闻挽铃声，俾看架下，不见有人。凡三度挽掣，乃见鸦一只。君曰：'是必有人探其雏而诉冤也。'命吏随鸦所在捕之。其鸦盘旋，引吏至城外树间，果有人探其雏，尚憩树下。吏乃执之送府。以禽鸟诉冤，事异于常，乃毙捕雏者而报之。"

这段话意思是说：

唐代温璋做京兆尹的时候，执法一丝不苟，毫不留情地处死那些作恶多端的罪犯，所以，京城的不法之徒都非常害怕他。

鬼谷子

一天，忽然听到悬铃的响声，温璋立即派人查看，在铃架下四处张望，也不见有人。这样一共听到三次铃响，才发现是只乌鸦。京兆尹温璋说："这一定是有人掏走了小乌鸦，它是来申诉冤枉的。"说完，便命令差役跟随乌鸦到乌鸦巢所在的地方拘捕掏小乌鸦的人。那只乌鸦引领差役来到城外的一片树林子里，果然有人掏了小乌鸦，还在树下休息呢，差役便将他捉拿回官府。温璋认为禽鸟诉冤的事不同寻常，就下令打死那个掏小乌鸦的人，为乌鸦伸了冤，报了仇。

一〇、乌合之众

"乌合之众"的意思是，像乌鸦一样暂时聚集在一起的群体。人们用它比喻无组织、无纪律的人群。

此典出自《汉书·耿弇传》："至长安，与国家陈渔阳、上谷兵马之用，还出太原、代郡，反复数十日，归发突骑以辚乌合之众，如摧枯折腐耳。"

公元8年，王莽大败西汉刘氏皇朝，建立起国号叫做"新"的王氏皇朝。他的这个行动，遭到汉宗室豪强集团的武力反抗。刘秀等人起兵以后，懦弱无能的刘玄

第七章 揣篇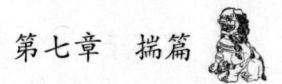

被拥立为皇帝,号称更始帝。

当时,豪强王郎诈称自己是汉成帝的儿子刘子舆,欺骗天下舆论,在邯郸起兵。扶风茂陵人耿弇(字伯昭)辞别父亲耿况,前去投奔更始帝刘玄,以便自己能有一个好前程。跟着他一起去的官吏孙仓、卫包在路上对耿弇说:"刘子舆是汉成帝的儿子,投奔他是名正言顺。如今反而不去投奔他,我们千里迢迢往哪里去呢?"耿弇严肃地说:"刘子舆不过是一个下贱的贼,总有一天要成为阶下囚。我到长安以后,调用国家派驻在渔阳、上谷的兵马,迅速出兵太原、代郡,十几天后,回来后派出突击敌军的骑兵,践踏这些像乌鸦一样暂时聚合在一起的敌人军团,就如同摧毁、折断干枯而腐朽的木枝似的那样容易。我看你们二人不知何去何从,灭族之祸就为期不远了。"后来,孙仓、卫包二人没有听从耿弇的劝告,投奔王郎去了。

一一、贪污勒索

"贪污勒索"比喻利用职务上的便利贪婪地获取财物。

鬼谷子

此典出自《史记·管蔡世家》："昭侯十年,朝楚昭王,持美裘二,献其一于昭王而自衣其一。楚相子常欲之,不与。子常谗蔡侯,留之楚三年。蔡侯知之,乃献其裘于子常;子常受之,乃言归蔡侯。蔡侯归而之晋,请与晋伐楚。"

吴王阖闾吞并了徐国和钟吾之后,蔡国和唐国派使臣到吴国来。伍子胥对阖闾说:"蔡国和唐国一向归顺楚国。现在这两国一同派使臣到这儿来,我判断一定是跟楚国有了摩擦。假如我们能够拉拢这两国,进攻楚国就方便得多了。"阖闾和孙武都急欲听一听这两个使者说的话。

蔡、唐两国的使臣一见阖闾就央告说:"楚国令尹囊瓦贪污勒索,欺压蜀国,这下又发兵来攻打蜀国,请求大王主持正义,立即发兵去救。从今往后,我们愿意永远归附贵国,年年纳款,岁岁朝贡。"吴王阖闾一时丈二金刚摸不着头脑,就问两位使臣到底是怎么一回事。他们就将经过情形详细地述说了一遍。

原来楚国令尹囊瓦喜欢占小便宜,总是向一些属国索要东西。大家都有点嫌恶他。有一次,蔡昭侯和唐成公朝见楚昭王,囊瓦收了他们按照惯例送给他的礼物

第七章　揣篇

后,又向他们要其他的东西。蔡昭侯有两件极其贵重的银鼠皮袄,一件送给了楚王,一件留着自己穿。唐成公有两匹千里马,一匹送给了楚王,一匹留着自己用。囊瓦见了这两件宝贝,一直想据为己有,就派人去向这两位国君索要。蔡昭侯和唐成公很不高兴,坚持不愿送给他。囊瓦就在楚昭王跟前使花招,说:"听说蔡国和唐国私通吴国,打算来进犯咱们。咱们索性把蔡侯和唐侯扣留在这儿,也许能揭穿他们的阴谋。"当时楚昭王还很年幼,无论大小事全由囊瓦做主。如此一来,两位国君都被软禁在楚国。一禁就是三年。

唐成公的儿子见他父亲这么长时间都没有加国,就派人去打听。那个人把囊瓦扣留唐成公的事打听清楚以后,劝唐成公把那匹千里马送给囊瓦。囊瓦得到了千里马,对楚昭王说:"唐是个小国,实力不强。唐侯已经在这儿押了三年,他哪儿还有胆量再得罪咱们呢?让他回去吧!"于是楚昭王就把唐成公放了。

蔡昭侯见唐成公送了千里马就获释回国了,他也把那件银鼠皮袄送给囊瓦。囊瓦就对楚昭王说:"蔡国跟唐国一样,既然释放了唐侯,也不能只扣留蔡侯,也把他放了吧!"于是,蔡昭侯也回国了。

蔡昭侯出了郢都，义愤填膺地发誓说："我不报仇，绝不再踏上楚国的土地！"他回到国内，立刻去向晋国借兵。晋定公把这件事禀报了周朝的天子。周敬王派卿士刘卷去跟晋定公联系。晋定公会合了宋、蔡、齐、鲁、卫、陈、郑、许、曹、莒、邾、顿、胡、滕、薛、杞、小邾等一共十八路诸侯，代替天子去征伐楚国。各国的诸侯都对囊瓦恨之入骨，也都想借这个机会重振中原的威风。没想到自称为中原霸主的晋国，那时候竟也充斥着贪官污吏。晋国的大将荀寅也是个贪小便宜的人。他认为这次会合诸侯去打楚国是为了帮助蔡国，这功劳可非同小可，就派人先向蔡昭侯索要谢礼，说："听说蔡侯把名贵的银鼠皮袄送给了楚国的君臣，为什么就不送给我们？我们千里迢迢发兵来打楚国，不知道蔡侯用什么来犒劳军队？"蔡昭候回答说："就因为楚国令尹贪污勒索，欺压属国，我才来归附贵国。如果将军主持正义，宣扬霸主的威信，帮助弱小的诸侯灭了楚国，那么整个楚国就是谢礼。"荀寅听了这席话，满脸涨得通红。

这时候（周敬王十四年，公元前506年），十八路诸侯的兵马都驻扎在召陵（在河南省郾县东），由于一连下了十几天倾盆大雨,一时不能进兵。恰巧天子的使者刘卷卧病在床。范鞅和荀寅本来就跟囊瓦一样,都是地地道道的贪夫,这次没从蔡侯那儿得到好处,已经有点怏怏不乐。他们就借着这个理由向各国诸侯说:"大雨下个不停,害病的人越来越多,还不如暂时回去吧!"各国诸侯看晋国不愿做主,顿时心灰意冷,都各自回国了。

蔡昭侯大失所望,垂头丧气地带着自己的兵马回去,路过沈国时,想起了沈国不愿发兵,也不去开会,于是就把满腹的怨气全发泄在沈国身上,发兵灭了沈国。

楚国的令尹囊瓦听说蔡国把沈国灭了,就亲自带着大军去攻打蔡国。有人对蔡昭侯说:"晋国已经靠不住了,中原其他的诸侯更不必说了。咱们索性到吴国求救去。伍子胥很早就想向楚国报仇,他们一定会尽力帮助我们的。"蔡侯就打发使臣去邀请唐成公一起到吴国去求救兵。

一二、天罗地网

"天罗地网"比喻对罪犯进行缉捕的布置十分严密,也指包围得很严,使敌人无法脱逃。

鬼谷子

　　此典出自《水浒传》第二回:"天可怜见,惭愧了,我母子两个,脱了这天罗地网之厄!"

　　高俅因踢得一脚好球,受到端王宠爱,做了端王的随从。后来,端王当了皇帝,就提拔他做了殿帅府太尉。高俅选了一个好日子去上任了,殿帅府所有公吏衙将,马步人等,都来参拜,开报花名。高俅一一点过,只有八十万禁军教头王进因生病没有来参拜他。高俅为此非常生气,便派人把王进抓来审问。幸好王进的部下为他求情,王进才免遭惩处。但是,王进心里明白:他父亲王升曾与高俅交过手,并把高俅打翻在地,现在高俅得志了,自己受他管辖,他要报仇,该怎么办呢。

　　王进回到家中,便与母亲商定,三十六计,走为上策。于是母子二人离开东京,往延安府方向逃去。在路上遇到了不少艰辛困苦。有一天走到半路上,天将黑了,王进挑着担儿,跟在她母亲的马后面,对母亲说道:"天可怜见,惭愧了,我母子两个,脱了这天罗地网之厄!此去延安府不远了,高太尉要抓我也抓不着了。"

第七章 揣篇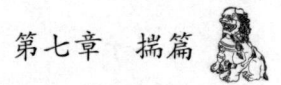

一三、田父得玉

"田父得玉"形容那些用欺诈的手段以猎取高官厚禄的人。

此典出自《尹文子·大道上》。

魏国一个农夫在田野里耕地,得到了一块直径一尺的宝玉,但是这个农夫却不知道这是一块玉。他把这事告诉了邻居。这个邻居想暗中得到这块玉,就对他说:"这是怪石,留着对家里不利,不如丢回原处去。"

农夫虽然满腹狐疑,但还是把这块玉带回了家中放在堂下的小屋里。当天晚上宝玉通明,照亮了整个房间。农夫全家非常恐惧,又把这事告诉了邻居。邻居说:"这就是怪异的征兆,赶快丢掉它,才可以灾祸消除。"农夫于是急忙把这块玉丢到远远的野外。

没多久,这个邻居就偷偷把玉取来献给魏王。魏王召来玉匠鉴别它。玉匠一看到这块玉,马上向魏王再拜行礼,站起来说:"祝贺国王得到了这个东西,这是天下最好的宝贝,我还从未见过。"

国王问值多少钱。玉匠说:"这块玉是无价之宝。就

鬼谷子

是拿五座城作代价，也只能让你看一看罢了。"魏王立即赏赐了献玉的人千金，让他终身享受上大夫的俸禄。

一四、司马光二次上书

宋仁宗身体不好，又没有儿子，却迟迟不提立太子的事情，大臣们担心，但没有一个敢于说话的人。谏官范镇第一个向皇帝提出快立太子的建议，司马光在并州听说后。接着响应，并写信鼓励范镇以死抗争。后来，司马光调到谏院任职，再次当面对仁宗说："我当年任并州通判时所写的三篇奏章，希望陛下能够采纳其中的内容。"仁宗沉吟良久后，问道："是不是主张在宗室子弟中选择皇太子的意见？这是一个忠臣应有的意见，但是很多人不敢提起此事罢了。"司马光感激地说："我发表这个建议后，以为自己一定会获死罪，没想到陛下竟然能够采纳。"仁宗说："这有什么不对？古往今来都有这样的事情。"

司马光退朝后，没有看到皇帝立太子的命令，便又一次上书说："我以前提出过的建议，以为陛下能马上采纳并实行。而今却没有看到陛下有实际行动。一定是有太监对陛下说您正当壮年，为什么要急着做不祥之事。太监们胸无远虑，不是从国家利益着想，而是想在未来毫无准备的情况下，拥立同自己关系密切的人罢了。过去，历朝历代中'定策国老'、'门生天子'的祸患，是不可胜言的！"仁宗由此感悟，下令送中书省草拟诏书。司马光见到韩琦等人说："诸公要是不乘现在选定皇位继承人的话，将来宦官们伪造或假传圣旨，说立某人为太子，那么天下就没有人敢违背了。"韩价等拱手说："一定尽力！"不久，仁宗诏令英宗为皇子，英宗称病不人，表示不敢担当大任。司马光说："皇子推辞横来的富贵，一个月内都不接受，可见是一位远比其他宗室子弟贤明的人。然而，父亲的意志不能改变，君王的命令不能不接受，希望能以臣子的大义来责备他，这样，他一定会人朝谢思的。"果然，英宗受命，立为太子。

一五、谢安拒官

谢安自幼就聪敏过人，文才秀逸，青年时代就名扬天下。官府屡次征召谢安做官，谢安都拒绝了，意在山

水之间，吟咏游历，他不想做官。四十多岁时，才答应征西大将军桓温的请求，出任司马。不久被拜为侍中，任吏部尚书、中护军。

咸安二年（公元372年），简文帝病死，桓温阴谋篡夺东晋政权，打算除掉谢安和另一个大臣王坦之。王坦之很害怕，就向谢安请教脱险的计策？谢安神色不变，镇定地说："晋朝的存亡，在此一举。"他连忙和王坦之一起去见桓温，王坦之被吓得汗流浃背，笏板都拿颠倒了。谢安却从容就座，质问桓温说："您为什么在壁后埋伏刀斧手，是想杀害我们吧？"桓温笑了，说："我必须要这样做啊。"谈笑了一会儿，桓温没有杀害他们，篡权的阴谋未能得逞。孝武帝即位后，谢安和王坦之尽心尽力地辅佐，朝廷转危为安。

建元十九年（公元383年），前秦（西晋十六国之一）皇帝苻坚（字永固，一名文玉，氐族）下令出兵攻打东晋。平民每十丁出一兵，富家二十岁以下的从军子弟，都给羽林郎官号，富家子弟来从军的有三万余骑。苻坚命令苻融率慕容垂等带领步骑二十五万为前锋，令姚苌率蜀兵顺流而下。谢安派弟弟谢石（公元

第七章　揣篇

327~388年，字石奴）和侄子谢玄（公元343~388年，字幼度）率兵抵抗。

后来，苻坚自己带领步兵六十万，骑兵二十七万，军队首尾长一千里，号称百万大军，驻扎在淮河、淝水一带，东晋京都上下全都震动恐慌。朝廷任命谢安为征讨大都督。谢玄进见谢安，询问退敌的方法，谢安神色自若，毫无惧意，回答说："已经另有旨意。"然后就一言不发了。谢玄不敢再问，就叫张玄再去请示。谢安却叫仆人驾车去山间别墅，让亲戚朋友都到此集会。谢安要和谢玄下围棋，以别墅为赌注，比赛输赢。其实，谢安平时下棋不如谢玄，这一天谢玄心里恐慌不安，棋下得不妙，与谢安势均力敌，不能取胜。谢安回头对他的外甥羊昙说："把别墅给你吧。"于是，谢安去登山游玩，直到深夜才回来。对将帅发号施令，面授机密，给他们都分派了职务和责任。谢玄等人击败苻坚之后，驿站飞马送来了文书。当时，谢安正与客人下围棋，看完文书后，就顺手放到床上，脸上没有流露出一点儿喜悦的表情，还和原来一样下棋。客人问他前方战况如何，谢安漫不经心地回答说："孩子们已经打败了敌人。"下完棋，谢安走回内室，跨越门槛时，因为心里异常高

鬼谷子

兴,连木屐齿折断了都不知道。他就是这样善于掩饰自己的感情,以安定众人的人。

一六、打破鬼例

有个姓李的人,家住在河边。一天夜里,李生正在灯下读书,听见鬼说道:"明天有个人来渡河,他就是我的替死鬼。"到了第二天,果然有个人来渡河,李生竭力劝阻他,结果那个人没有渡河,掉转身回去了。

当天夜晚,鬼找到李生责备说:"与你有什么关系,害得我得不到替身?"李生问:"为什么你们转世必须找替身呢?"鬼说:"你们从人间补廪、补官,必须等名额空出,才能补上,可能都是一个道理吧。"李生开导他说:"你错了!廪生供给谷粮,官吏享受俸禄,这些都需要国家的钱粮,不能浪费,所以数目都有一定的限制,必须要这样做。而人生活在天地之间,阴阳变化,自生自灭,自食其力,创造万物的造化神哪有时间去管这些闲事呢?"鬼说:"听说转轮王专门掌管这件事情。"李生说:"那么,你就把我的话转告转轮王。如果他认为必须要替代,你就来拉我当替身,我好去见转轮王,当面骂他一顿。"鬼非常高兴,一蹦一跳地走了,从此再也没有出现过。

一七、免官的张华

群臣们在朝廷上议论准备征召张华人朝做宰相,又想进号为仪同。当初,张华曾在皇帝面前低毁过冯。而冯就是冯恢的弟弟,很受皇上的宠爱。

冯有一次侍奉皇上,从容地谈论魏晋时代的事,忽然说:"我私以为钟会倒霉,很大程度上是由于太祖。"皇上变了脸色说:"你说什么呀!"冯摘下帽子请罪说:"我是笨蛋瞎子说胡适,罪该万死。可是其中我的蕴意,还有可以申述的地方。"皇上说:"怎么说呢?"冯说:"我认为善于驾车的人一定懂得六根辔绳伸缩的情况,善于执政的人一定清楚官方控制约束的适度。因此仲由因为兼并众人被压抑,冉求因为退后软弱被提拔,汉高祖时八王因为得宠过分遭到诛灭,光武时诸将因为受到抑制贬损才得善终。并不是上面有仁爱残暴的悬殊,下面有智慧愚顿的不同,是由于实行抑制、褒扬、施予、夺取的情势所造成的。"

鬼谷子

"钟会才能见识有限，可是太祖夸奖太过分，欣赏他的谋略，使他的名声日隆，让他拥有重大势力，交给他庞大兵权，因此使钟会自以为谋算精明，无一失误，功勋卓著，赏赐不够，飞扬跋扈，这才发生了叛乱。假使太祖录用他的小才能，用大礼节制他，用权势抑制他，用规则来严格要求他，那么叛乱之心无从生出，叛乱之事无从做起。"

皇上说："对。"冯叩头说：

"皇上既然已经同意了我的话，就应该想到坚冰是渐渐形成的，不要让钟会那样的人重蹈覆辙，自取灭亡。"

皇上说："当今哪里有象钟会那样的人？"冯说："东方朔说'谈话何尝容易'《易经》上说'巨子处事不慎就会丧失性命'。"皇上就屏退了左右的人，说："你尽管说出来。"冯统说："皇上身边出谋划策的大臣，在天下建立大功，海内没有人不知道，担任方镇总戎马的职务的，都应在皇上考虑的范围之内啊！"

皇上默然不语。不久，征召张华作大常。又借口太庙屋里柱子折断了，免掉了他的官职。皇上在世之日，他始终只能以列侯的身份朝见。

一八、忠诚的戈谦

戈谦,是代州人,永乐九年(公元1411年)进士,被授以监察御史。出京接察江西,由于上疏言事违背了皇上旨意,而被贬官降任峡县知县。后又犯罪免官,遣归原籍。

仁宗在东宫时,早就知道戈谦忠诚。及至他继位之后,召大谦任大理寺少卿。弋谦直陈时政利弊,认为当今官吏贪婪残暴,政事紊乱大非洪武之时可比,甚至于各部官吏贪得无厌。他的奏议皇帝多加采纳。后来又上书谈论五件事,由于言词过激,皇帝对他开始不喜欢。尚书吕震、吴申,侍郎吴廷用,大理寺卿虞谦等人于是弹劾弋谦言词不实,都御史刘观让众御史联合弹奏戈谦。皇帝听杨士琦等人来议论这件事。杨士琦对答说:"大谦这个人虽不顾大体,然而内心仍然感激被提拔重用之恩,他那样做也是为了报答圣恩。君主圣明则大臣正直,希望陛下能原谅他。"皇帝这才没有将戈谦治罪。然而每次见到戈谦,往往是声色俱厉。杨士琦不慌不忙地对仁宗皇帝说:"陛下下诏清臣下直言不讳,戈谦上

书所言偶有不妥,触怒了圣上。外廷官员因此都很恐惧,以进言为戒。如今四方来朝见的大臣都集中在朝廷内,若见到于谦直言下场如此,势必会认为陛下不能宽容大臣们直言。"皇帝一警惕地说道:"这固然是我不能宽容,也是因为吕震之辈曲意迎合来增加我的过错。从今以后应当对他们的谗言置之不理。"于是禁止戈谦上朝参见,令他专门负责监督官员办事。

不久,皇帝又因上疏言事者越来越少而寻问杨士琦说:"朕只不过怒于弋谦上书中言词不实,朝臣于是一个月无人上书奏事。希望你向诸臣讲明朕的用心。"杨士琦说:"臣空口无白毫无凭据,希望陛下能亲下玺书。"于是皇帝下令大臣于卧榻前拟成敕书来引咎自己的过错说:"朕自即位以来,臣民所上奏章数以百计,朕对这一切未尝不欣然采纳。即使奏折中偶有不当,也从不加责怪,这些都为群臣所共知。另外,大理寺少卿戈谦上书所言,多非实事,群臣迎合朕的心意,交上奏章弹其卖弄,请将他依法治罪。对这一切朕都拒绝不听,只免去了戈谦朝参的权利。然从那时起,言事者日益减少。如今自去年冬天就无雪,今春降雨又少,阴阳不和,其中必有原因,难道这些都无可奏报吗?然而作

第七章 揣篇

为大臣的,一心只为保全自己打算,对国事缄口不言,这还谈得上什么尽忠。朕对于戈谦一时未能宽容,未尝不自怨自责。希望你们这些大臣不要以前次戈谦一事为戒,对于国家利弊,政令得失,直言不讳。如今仍令弋谦朝参如故。"当时,宦官在四川采伐木材,贪婪骄横。皇帝因戈谦清廉正直,命他前去收治。提升戈谦为副都御史,赐给他银钱前往,于是取消了伐木这项劳役。

宣德初年,武夷山以南交趾地区,右布政使戚逊因贪婪淫逸而被罢官,皇帝命弋谦前去顶替他。王通放弃交趾,弋谦也认为他应论死。正统初年,将他免为庶人。土木之变发生,弋谦以平民百姓身份来到皇帝面前,保举罗通及宁懋、阮迁等十三人,都是可以重用的奇才。众臣商议准备以罗通为石亨副职。戈谦请求只用罗通一人专任,于是事情被搁置。内廷大臣们因为戈谦久负盛名,上奏请求将他挽留,但未得上报。景泰二年(公元1451年)一戈谦又再次来到京师,上疏推荐罗通等人,未被采纳。他只好又回乡,不久病死。仁宗性情宽厚大度,能容大臣直言,戈谦因此才未获罪,反而还责怪吕震等人。而且黄骥上书谈西域之事,仁宗皇帝也是责备吕震而采纳了黄骥的建议。

鬼谷子

一九、神明县令断案

有位夜间投宿旅客，举着一只袋子交给店主人，说:"这是钱袋，请代为保存，明天还我。"店主人答应了，就在登记簿上注明："收到某旅客钱袋一件。"又给他一张收据，上写："凭券付还钱袋一件。"这是各州的通告规矩。当时进出的旅客们入睡以后，店主人偷偷地打开这只钱袋，原来是一袋银子，就连忙用铜钱把它调换了。

第二天清早，旅客凭收据取回那只袋，打开一看，里面全是一串串的铜钱，失声叫道："要我的命了！本来是一代钱袋，怎么变成了铜钱？"急忙去和店主人讲理。然而登记簿上写的是铜钱，收据上写的也是铜钱，昨夜在场的旅客也都说："他交给店主人的本来是一个钱袋。"旅客辩论不过，向官府控诉。县官传店主人到官衙，审问时，店主人承上登记簿和收据，登记簿注的是钱袋，收据上写的是钱袋。传旅客们来作证，也都说："我们看到他是拿一只钱袋交给店主人保存了。"县官就骂了他一顿，把他赶了出来。这旅客整天坐立不

第七章 揣篇

安,又写了一份状子向官府控诉,县官发起火来,打了他一顿小板子,再次将他赶了出来。这旅客更加感到冤屈和痛苦,乃于夜见跳河寻死。

这是恰好邻县某知县因事乘船赴省,船停泊此地。见有投河寻死的,呼唤船夫把他救了上来。问他为什么寻此短见:"我是某店的伙计,,从外县收帐回来,当时因投宿的人多,恐怕有偷盗之人混杂在其中,所以把银袋说成是钱袋。早晨起来,取回袋子,果真已全部变成了铜钱了。这肯定是店主人调换的。我回去是没脸去见我的主人,所以寻思。"问:"何不向官府控诉?"回答:"已二次控诉了没有打赢。"知县说:"这没关系,明天拿状子来,我为你伸冤。"旅客道谢而去。

第二天,旅客果然送了状子来,那知县就到当地县署,陈述这件事。当地县官说:"这人是个白痴。证据确凿地说明确实是袋铜钱,他还要一再告状。我已略略惩罚了他一下,叫他回去了。"知县说:"不,这人一定是冤枉的。否则,他何止于要投河寻死殉职呢、请允许我暂借审案执法的公堂一用,我当为他昭雪。"当地县官答应了他的要求。

知县就传讯店里所有有关的人进行审问,而登记簿

鬼谷子

上的记载、收据上的明目都写的是钱,愿意作证的人也都说:"他自己本来说是钱袋。"知县感到吃惊,心想:"假使雪不了冤,就要留下被人取笑的把柄了。"于是转向差役们问道:"店里的人都在这里了吗?"店主人的妻子留在店里,因于家属无关,没把她传来。"知县说:"快把她传来。"差役去后,知县就对这些人说:"那客人交给店主人的确是一袋银子,你们故意赖他。谁是赖银子的,我不知道。但我有法术识破他。"命令他们各伸出一只手来,用毛笔在每只手掌中"银"字吩咐跪倒院中酷烈的阳光下,伸着手掌暴晒。对他们说:"赖银子的人手掌中的"银"字一定回被太阳摄去。"于是这些人一个挨着一个的跪在院中。过一会儿,知县高声问店主人:"店家,你的"银"字在吗?"回答说:"在。"过了一会儿,又问,则又回答说;"在。"差役侍从及旁观审案的人无不嗤之以鼻,以为像这样审讯是儿戏,官司怎么能断的清?过了不一会,差役把店主的妻子带到公堂上,问她:"你和你丈夫合谋用铜钱掉换了客人的银子,是真的吗?"妇人回答说:"没有这事。"问:"你的丈夫自己已经承认了,怎能说没有、"妇人依旧抵赖。知县就又高声问道:"店家,你的"银子"在吗?"

第七章 揣篇

店主人高声急应道:"在!"知县看着妇人说:"怎么样?你丈夫已承认银子在了,再狡赖将要给你上刑哟!"店主人的妻子疑心她的丈夫果真已自己承认了,就吐露全部实情,旅客的冤屈方才得以昭雪。一时间到处称颂这位知县神明。

揣篇第三

故计国事者，则当审权量；说人主，则当审揣①情；谋虑情欲必出于此。乃可贵、乃可贱；乃可重、乃可轻；乃可利、乃可害；乃可成、乃可败，其数②一也。

故虽有先王之道、圣智之谋，非揣情，隐匿无可索之。此谋之本也，而说之法也。常有事于人，人莫能先，先事而至，此最难为。

故曰："揣情最难守司③"。言必时其谋虑．故观蜎飞蠕动，无不有利害④，可以生事变。生事者，几之势也。此揣情饰言成文章而后论之。

【注释】

①揣：估量。

②数：术。

③揣情最难守司：揣术最困难的在于准确把握对方

实情。

④蜎飞蠕动,无不有利害:微虫的一飞一动,都存在利害关系。

【译文】

谋划国家大事的人,就应当详细衡量权势;如果游说君主就应当周详地揣度他的真实意图。一切谋略情欲,都可用这种揣测之术揣度出来。掌握了这种技术,就能够使人富贵,也能使人贫贱;能够使人受尊重,也能让人被轻视;能够使人获利益,也能让人受祸害;能够使人成功,也能让人失败。其中的揣术道理是一致的。

所以说,即使有以前圣明的君主的治国方法,有圣人聪明之士的谋略,如果没有揣情之术,就不能揣测那些隐匿的东西,就无法有效地实施策划。揣测之术是谋略的根本游说的法则。善于揣情的人,经常与别人接触谋事,但没有谁有超过他,在事情发生前便能测知将要发生的事件,这是最难做到的。

所以说,揣情术最难掌握,尤其最难掌握别人的内心谋略。因此当看到蚊子的飞动和虫子的蠕动时,都包含着它们的利害关系,能够使事物发生变化。事物发生变化,往往形成一种极微妙的势态。这就是揣情术,揣

情讲求修饰言辞,使说词有条理,有煽动性,富于文彩,然后再进行论说。

【感悟】

人的内部感情虽然可以隐藏得很深,但人的行为大都同一定的利益相联系,仔细地观察人的言论和行为,从中发现人的真正目的,就好采取相应的行动了。

【故事】

一、夫差的目的

公元前486年,夫差为攻打齐国,动用大量的人工挖掘运河,直通淮河,贯通了长江和淮河两大流域。如此来就可以利用运河率领水军从水路攻打齐国了。公元前484年,在艾陵(在山东省泰安县)打败齐军,抓获齐国的大将国书。齐国的副将高无丕几乎送命。夫差获胜,更让他相信水上进兵的方便。于是他就征集了比上次更多的民工继续挖掘运河,北通沂水,西通济水。这样一来,吴兵从吴都坐船,一路可以从运河直上北方,从长江到淮河,再从淮河到泗水、沂水、济水。巨大的挖掘运河工程完成后,南北水上交通方便了,夫差要做

第七章 揣篇

霸主的心愿就可以实现，但是吴国的人力、物力、财力都用得差不多了，如果再出现其他情况，就很难支持了。

周敬王三十八年、吴王夫差十四年、晋定公三十年、齐简公三年、鲁哀公十三年、卫出公十一年（公元前482年），夫差与鲁哀公、卫出公一起到了黄池（卫国的地方，在河南省封丘县西南），派人去请晋定公开会。晋定公不想去。赵鞅劝他说："夫差这回亲自带着大队人马到中原来，气势非常强大。他诚心跟咱们挑衅。他派使者来请咱们去开会，这是'先礼后兵'的意思。如果不去，反而中了他的诡计。我想不如领着大队人马上黄池去，无论会发生什么事，到时候随机应变。"晋定公就带着赵鞅去会见吴王。

到订盟约时，他们为争次序，争执了很多天。次序先后关系重大，谁也不肯让步，会议陷入了僵局。

正在僵着时候，吴国派人来见夫差，偷偷报告："越王勾践派范蠡为大将，亲自率兵攻打吴国。太子友、王孙弥庸已经阵亡；大将王子地抵挡不住，退到城里去了。情况非常紧急。请大王赶紧回去。"夫差听了，心里虽然焦急万分，却不露声色。他说："咱们不能再跟晋国耗费时间了，你立刻。你把三万六千士兵准备好，

鬼谷子

明早就向晋君进攻,逼他订立盟约。"王孙雄说:"还是回去要紧。"夫差说:"不这么办,怎么能回去啊?晋国不敢跟咱们对抗。不把会盟办完撤兵,赵鞅会来为难咱们。"王孙雄和伯嚭很佩服吴王随机应变的能力。

第二天,天刚亮,夫差击鼓,三万六千兵打起鼓。赵鞅急忙派人打听。夫差说:"天子令我主持会盟。晋候不服,非要耽误时间,你就去对他说,无论答不答应都必须在今天给个答复。"那人回去,告诉晋定公。鲁哀公和卫出公都在场,赵鞅劝晋定公让步,但夫差也得让步,中原诸侯才有面子。晋定公派人对夫差说:"天子既然有令,我们哪敢不听呢?贵国既然尊重天子,同样是天子的臣下。这吴王的称呼就不妥当。请把王号去了,改称'吴公',我们听从吴公。"夫差觉得他说的有道理,就用"吴公"的名义先"歃血",晋侯第二个"歃血",接着鲁侯、卫侯跟着"歃血"。黄池大会就"圆满而散"。夫差带军从江淮水路回去。

夫差害怕齐国宋国不服,派使者上成周朝见周敬王说:"楚国不尊重天子,阖闾征伐楚国,把他打败。如今齐国也不尊重天子,只好出兵征伐。托天子洪福,打了胜仗,特向天子奉告。"天子连忙慰劳吴国的使者,

第七章 揣篇

捎话给夫差："伯父辅助王室，我就放心了。"周敬王还赐给夫差一张大弓和一块祭肉，以表明承认他为霸主。

吴王在半路上听到一个坏消息。士兵知道国内打了败仗，加上远途劳累，都无心打仗。越国的兵马经过几年训练，强大起来，两军交手，吴国的兵马就被打得七零八落。夫差问伯嚭："你不说越国绝不会背叛吗？现在这是怎么回事了？还不赶紧去跟越王讲和求饶！"

于是伯嚭就带着贵重的礼物来到越国兵营，跪在勾践面前，央求双方讲和。范蠡对越王说："吴国不是很快就会灭掉的，不如答应伯嚭，也算报答他从前待咱们的好处。"勾践答应跟吴国讲和，退兵回去了。

这回黄池大会不只给越国一个进攻的机会，还引起了卫国和楚国的内乱。

二、平定鲁国

春秋时候，齐桓公到山戎和孤竹国去，回来后把带回的东西分了一部分给鲁国，其中有许多东西是从来没见过、没听过的，鲁庄公谢了齐桓公，像燕庄公一样，舍不得离开他。鲁庄公因为自己兄弟之间的明争暗斗以

鬼谷子

及鲁国以后的处境，忧心忡忡，想向齐桓倾诉自己的苦恼，又不知该从哪儿说起。他左思右想，欲言又止，最后还是跟齐桓公道别，懊丧地回去了。

原来鲁庄公有个哥哥，叫庆父；还有两个弟弟，一个叫叔牙，一个叫季友。庆父和叔牙是同母所生，他们俩是一派；鲁庄公和他的同母兄弟季友又是一派。

鲁庄公还没娶正夫人以前，就有了两个妾，一个叫党孟任，一个叫风氏。党孟任不仅容貌美丽，而且颇有心机，她怕国君不是真心爱她，就在鲁庄公想私下亲近她的时候，她偏偏躲开他，就是不答应。可是她愈不答应，鲁庄公愈想得到她，就低声下气地对她说："你要是跟随我，我将来一定立你为夫人。"他还对天发了誓。党氏担心他不把誓言当真，就咬破自己的手指，叫鲁庄公用她的鲜血抹在嘴上，算是对老天爷"歃血为盟"。他们就卿卿我我地同住同宿了。一年后，党孟任为他生下一个儿子叫公子般。鲁庄公打算按照盟约立党孟任为夫人，公子般为太子；可是他的母亲文姜反对，一定要他与齐襄公的女儿订婚，并且说："齐是大国，两国要是能亲上加亲，往后鲁国就有个靠山了。"鲁庄公只好听从他母亲的话。他跟党孟任订的盟约就作废了。不

过,他那个未婚妻还只是个襁褓中的婴儿,还得等上一、二十年才可能娶进门,因此党孟任名义上虽不是夫人,事实上却大权在握,形同夫人。

鲁庄公的另一个妾风氏,也替他生了个儿子,叫公子申。

鲁庄公有了党孟任和风氏,并且生下公子般和公子申之后,才顺从了母亲文姜临终遗嘱,正式娶齐襄公的女儿为夫人,就是一般人所称的哀姜。就在那时,党孟任病了,没过多久她就死了。鲁庄公看着党孟任的尸体,惦记着当初跟她订的盟约,可是他从前是不敢违抗她母亲,如今是不敢得罪夫人哀姜,纵使他心里始终视党孟任为夫人,此刻,也只好以安葬妾妃的仪式埋葬党氏,党孟任手指上的血算是白流了。

鲁庄公表面上对哀姜相敬如宾,骨子里却不喜欢她。哀姜并没有生下儿子,倒是随着她陪嫁过来的妹妹叔姜生了个儿子,叫公子启。因此,总计起来,鲁庄公有四个妻妾、三个儿子。

鲁庄公三十二年、齐桓公二十四年(公元前662年),鲁庄公在济水挥别齐桓公回来之后,明显地感到庆父谋篡的野心。当年秋天,鲁庄公得了重病,他把季

友召到床前，悄悄问他："叔牙对我说，庆父非常有才华，就劝我立他为国君，你认为怎么样？"季友摇摇头说："您跟党孟任立过盟约，要立她为夫人，您背弃盟约，让她含恨而终，已经对不起她了，怎么还能再亏待她的儿子呢？更何况庆父残忍贪婪、自私自利，没有人君的气度；叔牙目光短浅，不顾大局。我愿一心一意地辅助公子般。至于这些事，您别着急，好好养病要紧！"鲁庄公点点头，竟说不上话来了。季友看到鲁庄公活不了多久了，生怕叔牙惹出事端，赶紧出来口传国君的命令，派人把叔牙抓起来，又送药酒给他说："你喝下它，还能给子孙留下生路；否则，满门抄斩！"叔牙为了要立庆父，就这样被季友毒死了。当天晚上，鲁庄公气绝身亡。季友就立公子般为国君。

同年冬天，公子般的外祖父党氏死了，公子般去吊丧，就住在党氏家里。庆父就怂恿马夫荦趁着夜深人静去刺杀公子般。天明时分，马夫荦终于找到一个机会闯进公子般的寝室，公子般惊出一身冷汗，问他："你来干什么？"马夫荦说："上次你抽了我三百鞭，我来跟你算账！"一边说着，一边就用刀刺向公子般。公子般情急中拿起床头的宝剑，不顾一切劈了过去，瞬间把马夫

第七章 揣篇

荦的脑袋劈下了一块，可是马夫荦的那把刀也已经刺中了他的心窝。两人当场同归于尽，吓得公子般手下的人慌慌张张地赶去找季友。

季友一听说公子般被谋害了，就知道是庆父的阴谋。他自忖力量薄弱，只好出奔到陈国避难。庆父把一切归罪到马夫荦身上，假装要替公子般报仇，就杀掉了马夫荦的一家人。哀姜打算按计划立大伯庆父为国君，庆父却说："慢慢来，公子申和公子启还在呢！要先让他人上了台，才不至于露出破绽。可是公子申岁数不小了，可能不太好控制他，干脆立公子启吧！"于是才八岁大的小孩子公子启做了国君，就是鲁闵公。

鲁闵公年纪虽小，却非常伶俐聪明。他知道哀姜跟庆父心怀不轨，要严加防范；季友却是正人君子，可以依赖。他央请他舅舅，也就是诸侯的领袖齐桓公帮忙，终于使季友回到鲁国去做相国。公子申也很识大体，没有什么逾矩的念头，跟鲁闵公、季友相处得非常融洽。庆父和哀姜眼看局面发展到这一地步，不敢轻率地起事。到了鲁闵公第二年，庆父已经沉不住气，他暗中派人趁鲁闵公夜里出游时刺死了他。季友听到这个消息，连夜叫醒公子申，一起出奔到别国避难。鲁国人向来信

服季友,听说鲁闵公遇刺,季友带着鲁庄公唯一活着的儿子公子申逃到其他国家去了,举国哗然,群情激愤,都责怪庆父的不仁不义,当天全国罢市。庆父见已引起了公愤,唯恐大祸临头,就扮成商人模样,逃亡到莒国去。夫人哀姜坐立难安,也逃到邾国去了。他俩一走,季友就带着公子申返国,还请齐桓公来确定君位。齐桓公就派人到鲁国,和季友共同拥立公子申为国君,就是鲁僖公。

鲁僖公接受季友的建议,即刻派人到莒国去,请莒君代他严惩庆父,庆父逃到汶水,正好遇到公子奚斯,就拜托他去向季友求情,请季友饶了他一命,让他当个老百姓,他就心满意足了。奚斯走后,庆父焦急地等待回音。过了几天,他听见门外有异常的声响,竖耳倾听,原来是奚斯的痛哭声。他长叹一口气说:"他不进来,却在屋外哭得如此伤心,我还有什么指望呢?"说完他就解下腰带自缢而死。

季友逼死庆父后,就仗着齐桓公的势力把鲁国的内乱平定了;只剩下唯一一件棘手的事:怎么处置逃到邾国的夫人哀姜呢?他派人去请教齐桓公。齐桓公就派使臣竖貂到邾国去,说是特地送哀姜回鲁国去。走到半路,竖貂对哀姜说:"鲁国两位国君被害,都跟夫人有关。鲁国人和齐国人都知道这事,夫人即使回去,又有什么脸面见人呢?"哀姜仔细考虑了一下,觉得就是再活下去,也没有什么意思,中会遭人唾骂。她关起门哭了很长时间,就在释馆自缢了。

三、范雎直上青云

战国时,范雎随魏中大夫须贾出使齐国。回来后,须贾在魏相魏齐面前说他的坏话:"范雎出使齐国时与齐王来往密切,不知暗地里都做了什么。"于是,范雎遭到严刑拷打,昏死过去。苏醒后,他逃到秦国,不久当了宰相,取名叫张禄。魏国的人却认为他已经死了。

过了一年,须贾出使秦国,不知是什么原因被秦国留了下来。一天,范雎穿一身破烂衣服,来到须贾的住处。须贾一见,猛吃一惊:"你不就是范雎吗?怎么在这里?"范雎叹息说:"唉,我从魏国逃出来后,就到了秦国。如今给别人当佣人。"须贾充满同情地说:"想不到你依然贫寒啊!"说着,就取出一件绸袍赠送给他,对他说:"我听说,秦国宰相张某深受秦王信任,秦国的大事都由他决定,不知你有没有熟人认识他?"范雎

鬼谷子

说:"我家主人认识他,我们前去问问看。"于是两人来到宰相府,府中的人看见范雎来了都远远地回避,须贾觉得十分奇怪。范雎叫须贾稍等一下,他去通报主人。

须贾在外面等了很久不见有人出来,就问看门人说:"范雎为什么还不出来?"看门人说:"这里没有叫范雎的人。"须贾说:"就是刚才和我们一起来的那个人。"看门人笑了起来:"那是我们的张宰相。"须贾一听,吓得面如土色,连忙跪在地上。不一会儿,范雎在众人的簇拥下走了出来。须贾叩头说:"想不到你踏着白云直上青天("贾不意君能自致青云之上。")。我的罪过拔下头发也数不清,现在任凭发落。"("摧贾之发以赎贾之罪尚未足。")范雎说:"你的罪过确实不少,但先前赠我绸袍时,你表现出恋恋不舍的样子,就像老朋友一样,所以我会放你回去。"说完,范雎就离开了。

第二天,秦国果然释放须贾回国了。

四、周朝灭国

战国时候,周赧王打了败仗,没能拿到一点战利品,出征前借老百姓的钱也还不了,天子只好在高台上

第七章 揣篇

躲避债主的吵闹。大臣们报告的事比那要账的事儿更倒霉。领头的是西周公,后面跟着一群大臣们。他们惶恐地嚷嚷着说:"不得了!不得了!秦国的军队打到西周来了!"天子吓得差点晕过去,哭丧着脸问西周公:"各国的诸侯呢?燕国和楚国的军队呢?"西周公说:"各国的诸侯连自己还顾不过来。秦国打败了韩国,夺去了阳城(在河南省登封县东南)和负黍(在登封县西南),杀了四万多韩国的士兵。燕国和楚国的军队早就回去了。如今咱们既没有像样的军队,又没有粮饷、草料,简直就是坐以待毙!"周赧王说:"那就逃到三晋去吧。"西周公说:"有什么用呢?天子归附了三晋,等到秦国把三晋灭了再去归附秦国,反倒多受一回罪,丢两次脸。我看还不如直截了当地投降秦国,也许还能留下一点儿地位。"周赧王只好带着自己的子侄和大臣到太庙去,对着上代祖宗痛哭了一场。西周公到秦国兵营去投降,献上了三十六个小城,三万户口。

周朝的天子周赧王到了咸阳后,红着脸见了秦昭襄王,鞠躬认错。秦昭襄王看到他这个样子,禁不住地替他难受,就把梁城赐给他,称他为周公,这位由天子降为周公的老头儿,心里烦恼,再加上路上的劳累,到了

梁城就病危了。不到一个月工夫，就死了。秦昭襄王立刻收回了周公的领土，拆了周朝的宗庙。从此以后，西周结束了。

秦昭襄王灭了西周以后，列国诸侯就更不敢得罪秦国了，都争先恐后地先派使臣到咸阳去道贺。韩桓惠王头一个朝见秦昭襄王，紧跟着就是齐、楚、燕、赵，都派使臣去朝贺。秦昭襄王一看，列国诸侯全都来了，却只少了个魏国，魏王没派人来。秦昭襄王要派河东太守王稽去征伐。王稽跟魏国一直有交情，就偷偷地派人去告诉魏安僖王。魏安僖王得到了这个消息，立刻让太子连夜赶到秦国来道歉。就这样，六国的诸侯全都归顺了秦国。

到了公元前251年秋天，这位精明强干、一心一意想统一中国的秦昭襄王，不久便病死了。

太子安即位，就是秦孝文王。当时，秦孝文王已经五十三岁。他立子楚（就是王孙异人）为太子。秦孝文王即位三天，"中毒"身亡。子楚即位，称秦庄襄王。秦庄襄王封华阳夫人为太后，封赵姬为王后，儿子赵政为太子。

这位秦庄襄王是吕不韦一手培养起来的，因而他必须要重用吕不韦。蔡泽就告了病假,交了相印。于是秦庄襄王拜吕不韦为丞相,封他为文信侯,把洛阳十万户作为他的俸禄封给吕不韦。

吕不韦对秦庄襄王说:"我近来得到各地的报告,都说东周公为了秦国接连去世了两位君王,认为秦国不能安定,他就派使者去游说各国,要重新联合抗秦。我觉得咱们既然把西周灭了,就不能再留着东周"。秦庄襄王就拜吕不韦为大将,带着十万兵马去打东周。东周本来就是快要灭了。如今哪经得住狂风暴雨?周朝从武王即位(公元前1122年)到东周君被秦国掳去(公元前249年),总共874年,从此就完结了。

五、揣摩魏廷的杨仪

建兴十二年(公元234年)秋天。诸葛亮病危,秘密与长史杨仪,司马费祎、护军姜维等人安排自己死后的退军计划,命令魏延率军断后,姜维在魏延之前;如果魏延不听从命令,军队可以自行出发。诸葛亮则死,蜀国严守秘密而不发表,杨仪要费祎前去揣摸魏延的态度。魏延说:"丞相虽已去世,但我现在还

在。府中的亲属、官员可以带丧回去安葬，我自然会率领各军进攻寇贼。怎能因一人之死而废弃国家大事呢？况且我魏廷是什么样的人。怎么能被杨仪指挥，作为断后将领？"于是与费祎共同作出行与留的部署，命令费祎亲笔书写文告并与自己连名，把自己的部署告诉下面的各位将领。费讳欺骗魏廷说。"应该替您回去向杨长史解释，杨长史是文官，很少经历过军事。必然不会违背命令。"费祎一出门便骑马飞奔而去。魏廷不久便后悔，但迫他已经来不及了。魏廷派人窥看杨仪等人的行动，见他们已经准备按诸葛亮生前的安排，各营依次退军。

魏廷大发雷霆，抢在杨仪出发之前，率领他所统领的军队直接先回南方，所经过之处把栈道烧断。魏延、杨仪各自向朝廷上表，互相指控对方叛变，一天之中，插着羽毛的军书交替而至。后主刘禅向侍中董允、留府长史蒋琬询问这件事，蒋琬、董允护着杨仪而怀疑魏延。杨仪等人辟山开路，昼夜兼行，也跟在魏延的后面退回南方。魏廷先到，占据了南谷口，派兵迎头打击杨仪等，杨仪等人命令何平在前面阻击魏延。何平叱责魏廷率先登程退兵，说；"诸葛亮去世，尸骨未寒，你们

第七章 揣篇

这些人就敢这样!"魏廷的士兵都知道魏廷理亏,没有执行他的命令,军队都走散了。魏廷只得和他的儿子几个人逃奔汉中。杨仪派马岱追杀他,马岱把他的首级交给杨仪,杨仪站起来用脚踩魏廷的头说:"庸奴!如今还能作恶么?"于是朝廷下令灭了魏廷三族。当初,蒋琬率领宿卫军各营往北赴救危难,走了数十里,听到魏廷的死讯。便返回了。大家推测魏延不往北投降曹魏而往南退兵的原意,只是想除掉杨仪等人_平时各位将领的看法就不同,他希望当时人的议论一定会以自己代替诸葛亮。魏延本来指望这样,所以不便背叛。

六、都将审问史建塘

天佑九年(公元912年),后梁太祖朱晃亲自带兵来攻打蓚县,这时,晋王李存勖也在进兵北攻燕州,梁军扬言有五十万人马,将侵入镇、定两州。都将符存审问史建塘:"梁军若以五十万人马来进攻,我们将怎么办?"稗将赵行实说:"最好的对策是退入土门县。"符存审说:"事情怎样变还不能确定,如果梁祖老贼在东面。只派别的将领向西而来,我们采取什么对策,还可

慢慢商量。"没有几天,梁军杨师厚包围了枣强,贺德伦又围困了蓚县,朱晃也亲到阵前,梁军向县城发动猛烈进攻。符存审说:"我王正在北方用兵,南方疆界的大事都托付给我们几个人了。西面各道无兵可守,只好坐看贼兵滋长气焰,应该采取什么对策呢?梁祖老贼如果攻不下蓚、枣两县,必定会西来攻打深、冀两州。我与你们挑选骑兵,去侦察敌情。"于是精选了八百骑兵奔赴信都县,符存审守扼住下博桥,史建塘和李嗣肱分队而行,去捉拿梁军活口。

史建塘把手下三百骑兵分为五队,自己领其中一队深入敌境,他命令各队抓回梁军中放牧人,在下博侨汇合。第二天,各路人马都到了下博桥,俘获了数百名放牧人,这些人被集中在一起斩杀,留下数人,放他们逃回去,并叫他们逃回去后,都说:"很多沙陀军来了!"这使梁军十分惊恐。第二天,史建塘、李嗣肱带兵穿上梁军服装,与梁军放牧人相互混杂,傍晚时分,到了贺德伦营寨门口,杀了守门人,纵火烧营并大声呐喊,斩杀一阵后,抓了俘虏就离开了。这天夜里,朱晃烧掉营寨,领军而退,向北走到贝州时迷了路,梁军兵上丢弃的兵器甲仗不可胜数。

七、依顺迎合的封伦

封伦本来是隋朝的大臣，隋朝立国不久，隋文帝命令宰相杨素负责修建宫殿，杨素任命封伦为土木监，将整个工程全交给他主持，他不惜民力，穷奢极侈，将一所宫殿修得豪华无比。那个一向以节俭自我标榜的隋文帝一见不由得大怒，骂道："杨素这老东西存心不良，耗费了大量的人力财力，将宫殿修建得这么华丽，这不是让老百姓骂我吗？"

杨素害怕因这件事而丢了乌纱帽，忙向封伦商量对策，封伦却胸有成竹地安慰杨素道："宰相别着急，等皇后一来，必定会对你大加褒奖。"

第二天，杨素被召入新宫殿，皇后独孤氏果然夸赞他道："宰相知道我们夫妻年纪大了，也没什么开心的事了，所以下功夫将这所宫殿装饰了一番，这种孝心真令我感动！"

封伦的话果然应验了。杨素对他料事如神很觉惊异，从宫里回来后便问他："你怎么会估计到这一点？"

封伦不慌不忙地说："皇上自然是天性节俭，所以

鬼谷子

一见这宫殿便会发脾气。可他事事处处总听皇后的,皇后是个妇道人家,什么事都贪图个华贵漂亮,只要皇后一喜欢,皇帝的意见也必然会改变,所以我估计不会出问题。"

杨素也算得上是个老谋深算的人物了,对此也不能不叹服道:"揣摩之才,不是我所能比得上的!"从此对封伦另眼看待,并多次指着宰相的交椅说:"封郎必定会占据我这个位置!"

可还没等封伦爬上宰相的位置,隋朝便灭亡了。他归顺了唐朝,又要揣摩新的主子了。有一次,他随唐高祖李渊出游,途经秦始皇的墓地,这座连绵数十里、地上地下建筑极为宏伟,墓中随葬珍宝极为丰富的著名陵园,经过楚汉战争之后,破坏殆尽,只剩下了残砖碎瓦。李渊不禁十分感慨,对封伦说:"古代帝王,耗尽百姓国家的人力财力,大肆营建陵园,有什么益处!"

封伦一听这话,明白了李渊是不赞同厚葬的了;这个曾以建筑穷奢极侈而自鸣得意的家伙立刻便换了一副面孔,迎合地说:"上行下效,影响了一代又一代的风气。自秦汉两朝帝王实行厚葬,朝中百官、黎民百姓竞相仿效。古代坟墓,凡是里面埋藏有众多珍宝的,都很快被人盗掘。若是人死而无知，厚葬全都是白白地浪费；若人死而有知，被人挖掘，难道不痛心吗？"

李渊称赞他说得好，对他说："从今以后，自上至下，全都实行薄葬！"

八、诸葛亮妙计劫粮

诸葛亮多次率军征伐中原，可往往是因为路途遥远艰险，粮草无法运送而回。后来他设计了木牛、流马，代替人力来运送粮草，效果十分好。司马帮听说后，命令部下劫了几个木牛、流马，并仿照着制造了一些，用于运送粮草。诸葛亮得知后，心生一计。他命令大将王平率领几千人马，都换上魏军的服装，到魏军屯积粮草的地方，夺取了粮食，用木牛、流马运走。走不多久，魏军追了上来，王平带领士兵弃粮逃走。魏军也不追击，只是想将装载粮食的木牛、流马推回魏营。可他们费了九牛二虎的气力，怎么也推拉不动这些木牛、流马；突然，蜀军呐喊着从四处杀了回来。魏军仓促应"战，大败而逃。蜀军迅速地推着那些木牛、流马，回到了大本营。

鬼谷子

原来，诸葛亮在设计木牛、流马时，暗中设置了一个能使之无法行走的部件，魏军不知其中奥秘，蜀军扳动了这个部件，所以魏军无法将木牛、流马推走了，结果被诸葛亮劫了粮草。

九、张飞用计擒刘岱

三国时期。刘备占据了徐州之地，想联合袁绍共同讨伐曹操。曹操得知这一消息，命令刘岱、王忠二将分头进攻徐州。刘备则派关羽、张飞两位率大军迎战。双方摆开阵式，玉忠策马来到汉军阵前挑战，关羽出阵同他交手，不出几个回合。关羽生擒了王忠。刘岱听说这一消息后，自知也不是猛张飞的对手，便龟缩在营中，不敢同张飞交战。

眼见得关羽生擒了王忠，立了头功，而刘岱据守深垒不出战，张飞不免有些个着急。他心生一计，决定引蛇出洞。一天晚上，张飞故意在营中喝酒，借酒撒疯，将一位士兵毒打了一顿，之后将他捆绑在营帐外。张飞又在帐中故意大声扬言，今晚发兵去攻打刘岱的军营。

那位无故挨打的士兵此时恨透了张飞、听罢张飞的

第七章 揣篇

话,"自以为掌握了汉军的情报,一想逃跑去向刘岱邀功请赏。他趁看守不注意,偷偷挣脱捆绑,跑到刘岱的营中报信。刘岱知道张飞素来脾气暴躁,又见这位士兵遍体鳞伤,便对他的话深信不疑。

于是、刘岱急忙下令在张飞前来劫营的必经之路上埋伏数千精兵,准备伏击汉军。不料,张飞却兵分两路,攻打刘岱的伏兵,自己率领精兵先是切断刘岱的退路,然后直扑刘岱大营。

刘岱无奈,只好硬着头皮同张飞交手,很快便被张飞活捉了。

一〇、曹操用兵如神

曹公将要北征三郡乌丸,将领们都说:"袁尚只是个逃敌而已,夷狄贪婪而不讲友情,怎么会被袁尚利用?现在深入征伐乌丸,刘备必然会劝说刘表来袭击许都,一旦情况有变,就后悔莫及了。"只有郭嘉料定刘表一定不能任用刘备,劝说曹操北征。建安十二年(公元207年)夏五月,曹操率军抵达无终县。秋七月,因涨大水,沿海道路不通,田畴请求担任向导,曹操答应

了。于是田畴率军出了卢龙塞,但塞外道路隔绝不通,于是挖山填谷五百余里,经白檀,过平冈,走过鲜卑部落领地,向东直逼柳城。在距柳城二百里时,敌人才知道。袁尚、袁熙与蹋顿、辽西单于楼班、右北平单于能臣抵之等带领数万骑兵迎战。八月,曹操登上白狼山,突然与乌丸军队相遇,敌兵数量很多。曹操的军用物资在后面,被戴铠甲的人很少,左右随从都惧怕。曹操登高极目远眺,发现敌军阵容很不整齐,就挥兵出击,派张辽担任先锋,敌军很快溃败,蹋顿和许多乌丸首领被斩,投降的胡人、汉人达二十余万。辽东单于速仆丸及辽西、右北平的各首领,丢下本族人,与袁尚、袁熙逃奔至辽东,部队尚剩数千骑兵。当初,辽东太守公孙康依仗地处偏远不肯归服。等到曹操击败乌丸,有人劝说曹操随即征讨辽东,袁尚兄弟就可以捉住。曹操说:"我要使公孙康斩了袁尚、袁熙的头送来,不再烦劳士兵了。"九月,曹操率兵从柳城返回,公孙康斩了袁尚、袁熙及速仆丸等人,并派人送来了他们的首级。有些将领问,您一回师公孙康就斩了袁尚、袁熙的首级且又送到这里,是什么原因呢?"曹操说:"公孙康历来害怕袁尚等人。我逼得紧他们就会联合起来,我暂缓进攻他们就会互相残杀，这是势所必然之事。"十一月，曹操抵达易水，代郡乌丸的代理单于普富庐、上郡乌丸的代理单于那楼率领乌丸首领们前来祝贺。

一一、李世民的气度

武德元年七月，薛举侵犯泾州，李世民率兵讨伐，失败而还。九月，薛举死，其子薛仁果继位。李世民担任元帅带兵进攻薛仁果，两军相持在折墌城，躲在深沟高垒之中达六十余日。薛仁果的军队有十多万战斗力很强，多次前来挑战，李世民都按兵不动，让他们自己消耗士气。敌军粮食吃尽了，敌将牟君才、梁胡郎前来投降。李世民对各位将军说："敌人的士气已经衰落了，我们应当去战胜他们。"派遣将军庞玉首先到浅水原以南摆开阵势，以诱敌出兵，敌将宗罗睺全军出来迎战，庞玉的军队几乎失败。然后李世民亲自统率大军，从浅水原以北出击，出其不意。宗罗睺发觉后，再调转军队过来迎战。李世民带领几十名骁勇的骑兵冲入敌阵，因此唐朝的军队里外同时击杀，宗罗睺彻底溃败，斩首数千级，跳入山涧河谷而死的无法统计。李世民率领左右

鬼谷子

二千余人骑马追逐亡敌，直抵折摭城下，最终歼灭了他们。薛仁果非常害怕，据城自守。天快黑时，大军不断到来。进行四面包围。天亮时，薛仁果请求投降，俘获了他的精兵万余人，男女人民五万口。

然后各位将领都前来祝贺。并乘机问李世民说："开始时大王只是在城外打败了敌军，他们的首领尚且保有坚固的城堡，大王您没有攻城的器具，只是以轻骑追逐敌人，不等步兵上来，就径自迫近城下，大家都担心不能攻克，而竟然攻下了，这是为什么呢？"李世民说："这是用的权宜之计逼迫他们，使他们来不及考虑对策，因此攻克了敌城。宗罗眼依恃着他在往年的胜利，加上又养精蓄锐很长时间，看到我不出马，便产生了轻敌之意。现在看到我军出击，便全军出来接战，虽然我们打败了他，但擒获杀死的毕竟还少。如果不迅速追击，让他回到城里，薛仁果收其余众并进行安抚，那我们就不可攻下敌城二况且敌人的兵众都是陇西人，一旦失败后要撤退，他们来不及往回看，便逃归陇外，这样折墌城自然就空虚了，我军追随其后并向该城迫近，所以他们感到害怕，因而便投降了。这可以说是早已计划好的谋略，各位都没有想见啊？"将领们说："这不是

凡人所能想到的。"俘获敌军的精锐骑兵有很多，回师后还让薛仁杲兄弟及放将宗罗睺、翟长孙等人统领。李世民与他们一起出游打猎，并没有任何怀疑和防备。这些敌兵们既感恩戴德又威慑于李世民的气度，都愿意为之效力卖命。

一二、先斩后奏

"先斩后奏"指的是先采取果断的行动，然后再向上报告。也可用来泛指事前不报告，迫使上级承认既定的事实。

此典出自《窦娥冤》第四折："老夫廉能清正，节操坚刚，谢圣恩可怜，加老夫两淮提刑肃政廉访使之职。随处审囚刷卷，敕赐势剑、金牌，体察滥官、污吏，容老夫先斩后奏。"

元代剧作家关汉卿（号已斋）在晚年写了一部著名的戏——《窦娥冤》。剧情梗概是：善良的贫家女子窦娥三岁丧母，父亲窦天章是个穷书生，为了偿还欠下的债务和换取上京赶考的路费，把女儿送到蔡婆婆家里去做童养媳。十年后，窦娥的丈夫不幸早死，于是她就和

蔡婆婆两个相依为命过着守寡的日子。地痞张驴儿和他的父亲垂涎欲滴地窥伺着这两个寡妇。张驴儿本来想毒死蔡婆婆,结果却毒死了自己的父亲。他反而诬陷窦娥,逼迫她顺从。官府断案不明,斩杀了窦娥。后来,窦娥的父亲窦天章当了大官,奉旨访察民情,惩处贪官污吏,回到离别十六年的家乡,终于替女儿昭雪了冤案。

窦天章是朝廷命官,深受皇帝信任。在戏中窦天章有这样一段独白:

"老夫我为官廉洁清正,情操坚强、刚直,皇上怜爱我,叫我担任两淮提刑肃政廉访使的职务,四处审讯囚犯,查阅案卷,赐给我象征权势的宝剑和金牌,让我监察贪官污吏,并允许我先斩后奏。"

"先斩后奏"就是从这个故事而来的。

一三、有天没日

这则典故以幽默的笔触、犀利的语言,揭露了衙门公堂残害人民的本质。"有天没日头的所在"这个警句,是百姓觉醒的语言,它大胆而机智地揭露了黑暗的统治,从而概括出整个封建王朝的凶残本质。

此典出自《笑得好》。

夏天天气炎热,几个长官在一起商议公事,偶然谈到天气太热,不知道去哪里乘凉。有的说某处花园水上走廊特别凉快,有的说某寺院的大殿特别凉快。旁边的许多百姓齐声说:"各位老爷想要凉快,不如去衙门的公堂上,那里最凉快了。"众长官诧异地问为什么,百姓们回答道:"那里是没有日头照耀的地方,怎么会不凉快呢!"

一四、田骈不宦

"田骈不宦"是对言行不一的伪君子的绝妙讽刺。

此典出自《战国策·齐策四》:"齐人见田骈曰:'闻先生高议:设为不宦,而愿为役。'田骈曰:'子何闻之?'对曰:'臣闻之邻人之女。'田骈曰:'何谓也?'对曰:'臣邻人之女,设为不嫁。行年三十,而有七子。不嫁则不嫁,然嫁过毕矣!今先生设为不宦,訾养千钟,徒百人。不宦则然矣,而富过毕也。'田子辞。"

鬼谷子

  这段话意思是说：齐国有个普通人去拜见田骈，对田骈说："我听说先生品格清高，声称不愿做官，而愿意替人服役。"田骈说："您从哪里听说的？"那人回答说："我从我邻居的女儿那里推断出来的。"田骈说："你这话是什么意思？"

  那人回答说："我的邻居的女儿，宣称不嫁人，但刚满三十岁，就生了七个孩子。是不出嫁，但大大超过了出嫁啊！如今，您宣称不做官，却拿三千钟的俸养，使唤着一百多名仆役。不做官是不做官，可是大大超过了做官的啊！"

  田骈连忙向他表示歉意。

一五、党同伐异

  "党同伐异"用以比喻偏袒同党，攻击异己。

  此典出自《后汉书·党锢传序》："至有石渠分争之论，党同伐异之说。"

  西汉武帝时，为加强中央集权，亟需从地主阶级中起用有一定能力的人才来管理事务。公元前134年，汉武帝实行了察举制度（以前也有察举，但未形成制度）。

之后,又接二连三地诏求贤良,于是公孙弘、董仲舒等人应运而出。由于汉武帝采取了诏求贤良的措施,于是从中央到地方各级机构都增补了一批有才能的人。汉武帝依靠他们贯彻政令,大大加强了地主阶级的统治。到了汉宣帝时,宣帝又集诸儒于石渠阁,讲论六艺(即"礼"、"乐"、"书"、"诗"、"易"、"春秋"等六经),并召萧望之等人评《公羊传》、《穀梁传》。在评论中,他们把观点相同的人当成朋党,对持不同意见的人就加以攻伐。《后汉书》的作者范晔在回述这段历史的时候,认为这是"党同伐异"。

一六、同恶相助

"同恶相助"原意为憎恶一致,就要互相求助,后来常用来形容坏人互相勾结。

此典出自《史记·吴王濞列传》:"高曰:'同恶相助,同好相留,同情相成,同欲相趋,同利相死。'"

西汉初,汉高祖刘邦封了许多同姓王。他想趁机进一步巩固刘氏政权,然而由于分封的这些王侯手中的权力很大,封地大的王国"跨州兼郡,连城数土",吴、

楚、齐三国竟征收租赋，煮盐铸钱，严重地威胁了西汉王朝的中央集权的统治。

　　为了打击诸侯王的势力，到了文帝和景帝时，采纳了贾谊、晁错的建议，逐步削减了诸侯王的封地。削地直接影响了诸侯王的利益，吴王刘濞准备起兵反叛，汉景帝三年（公元前154年），刘濞派出使者打着惩办晁错的名义，联合楚王、赵王和胶西王共同起兵。吴王刘濞的使臣应高去见胶西王刘卬，劝他共同起兵反叛。应高对刘卬说：憎恶一致，就要互相求助；喜好一致，就应共同努力以达目的；利益一致，就是舍弃性命也在所不辞。现在，我们吴王和大王忧喜相同，都担心晁错等人欺瞒天子，侵夺诸侯，所以请大王一起起兵讨伐。

　　后来，吴王刘濞联合楚、赵、胶东、胶西、济南、淄川六国以"请诛晁错以清君侧"为由，发动了叛乱。汉朝中央派周亚夫为太尉率军平叛，仅用了三个月，便镇压了这场叛乱。

第八章 摩 篇

第八章 摩篇

摩篇第一

摩①者,揣之术也,内符者,揣之主也②。用之有道,其道必隐③。微摩之以其所欲,测而探之,内符必应,其应也,必有为之④。

故微而去之⑤,是谓塞窖、匿端、隐貌、逃情,而人不知,故能成其事而无患⑥。摩之在此,符之在彼。从而应之,事无不可。

【注释】

①摩:研究琢磨,摩言切近。

②内符者,揣之主也:意谓内情和外部表现相吻合,从而掌握真实的思想和情感活动,是揣摩的主要目的。陶弘景注:"内符者,谓情欲动于内,而符验见于外,揣者见外符而知内情,故曰符为揣之主也。"

③隐:潜在的。

④其应也,必有为之:对方的心理反应必然会导致行为反应。

⑤微而去之:悄然离开

⑥成其事而无患:因为善于混迹藏形,故事成后不会被人猜疑、妒忌,故无患。

【译文】

触摩试探是揣测的方法,内符是揣测的主体。运用摩意这种揣摩之术是要遵循一条基本原则和规律的,就是必须要隐秘才行。暗中对人实施摩意术,以对方的欲望巧妙地触摩他,揣测他,他的内心想法必定会表现出来。这种反应一旦表露,必然有所作为。

这时就要略为揣摩而巧妙离开,这就是所谓的"堵塞地窖、隐藏外形、掩饰真情",也就是把自己深深地隐藏起来,泯灭自己开始的所言所行,而不让人们知道真情,所以事情能成功而没有祸患。在这里对别人实施触摩试探的摩意术,对方必然有所反应,采取行动,然后就随后跟从他,应和他并掌握他,这样没有什么办不成的事情。

【感悟】

摩意就是把自己的真实意图隐藏起来,不使对方知道,然后融动对方的情绪使之表现出来,然后制定相应的策略。只要事情做得隐秘没有不成功的。

【故事】

一、范雎出使秦国

范雎来到秦宫,秦王亲自到大厅迎接。秦王对范雎说:"我很久以来,就该亲自来领受您的教导,正碰上要急于处理义渠国的事务,而我每天又要亲自给太后问安;现在义渠的事已经处理完毕,我这才能够亲自领受您的教导了。我深深感到自己愚蠢糊涂。"于是秦王以正式的宾主礼仪接待了范雎,范雎也表示谦让。这天,凡是见到范雎的人,没有不肃然起敬,另眼相看的。

秦王把左右的人支使出去,宫中只剩下他们两人,秦王直起腰腿,跪身请求说:"先生怎么来教导我呢?"范雎只是"啊啊"了两声。过了一会儿,秦王再次请求,范雎还是"啊啊"了两声。就这样一连三次。秦王又拜请说:"先生硬是不教导我了吗?"范雎便恭敬地解释说:"我并不敢这样。我听说,当初吕尚与文王相遇的时候,他只是一个渔夫,在渭河钓鱼而已,那时,他

鬼谷子

们很陌生。此后，吕尚一进言，就被尊为太师，和文王同车回去，这是因为他谈得很深入的缘故。所以文王终于因吕尚而建立了功业，最后掌握了天下的大权，自己立为帝王。如果文王当时疏远吕尚，不与他深谈，周朝就不可能有天子的圣德，而文王、武王也不可能成就帝王的事业。现在，我只是个旅居在秦国的宾客，与大王比较陌生，但想陈述的又是纠正君王政务的问题，而且还会关涉到君王的骨肉之亲。我本想尽我的愚忠，可又不知大王的心意如何，所以大王三次问我，我都没有回答。

　　我并不是有什么畏惧而不敢进言。我知道，今天在大王面前说了，明天可能就会遭到杀身之祸。但是，我并不畏惧，大王真能按照我的计谋去做，我即使身死，也不会以为是祸患；即使流亡，也不会以此为忧虑；即使不得已漆身为癞，披发为狂，也不会以此为耻辱。五帝是天下的圣人，但终究要死；三王是天下的仁人，但终究要死；五霸是天下的贤人，但终究要死；乌获是天下的大力士，但终究要死；孟贲、夏育是天下的勇士，但终究要死。死，是人人不可避免的，这是自然界的必然规律。如果能够稍补益于秦国，这就是我最大的愿

第八章 摩篇

望,我还有什么可忧虑的呢?

伍子胥当年是躲藏在口袋里逃出昭关的,他晚上出行,白天躲藏,到了凌水,吃不上饭饿着肚皮,双膝跪地,双手爬行,在吴市讨饭度日,但终于帮助阖庐复兴了吴国,使吴王阖庐建立了霸业。如果让我像伍子胥一样能呈献计谋,即使遭到囚禁,终身不再出狱,只要能实现我的计谋,我还有什么可忧虑的呢?当初殷韩的箕子,楚国的接舆,漆身为癞,披发为狂,却终究无益于殷、楚。如果使我与箕子、接舆有同样的遭遇,也漆身为癞,只要有益于圣明的君王,这就是我最大的光荣,我又有什么可感到耻辱的呢?

我所担心的是,我死了以后,人们见到这样尽忠于大王,终究还是身死,因此人们都会闭口不言、裹足不前,不肯到秦国来。大王对上畏惧太后的威严,对下又迷惑于大臣的虚伪,住在深宫之中,不离宫中侍奉之人之手,终身迷惑糊涂,不能了解坏人坏事。这样,大而言之,则会使得国家遭受灭亡之祸,小而言之,则使得自己处于孤立危境。这就是我所担心害怕的。如果我死了,秦国却治理的很好,这比我活着要好得很多。"

秦王跪身说:"先生怎么说出这样的话呢?秦国是

个偏僻边远的国家，我又是一个没有才能的愚人，先生能到卑国来，这是上天让我来烦扰先生，使得先王留下来的功业不至中断。我能接受先生的教导，这是上天要先生扶助先王，不抛弃我。先生怎么说出这样的话呢？今后事无大小，上至太后，下及大臣，所有一切，都希望先生一一给我教导，千万不要对我有什么疑惑。"范雎因而再次拜谢，秦王也再次回拜。

范雎说："大王的国家，北有甘泉、谷口，南绕泾水和渭水的广大地区，西南有陇山、蜀地，东面有函谷关、崤山；战车有千辆，精兵有百万。拿秦国兵卒的勇敢，车骑的众多，来抵挡诸侯国，就如猛犬追赶跛兔一般，轻易就可造成霸王的功业。如今反而闭锁函谷关门，兵卒不敢向山以东诸侯窥视一下，这是秦国穰侯魏冉为秦国谋划不忠实，导致大王的决策失误啊！"

秦王说："愿闻所以失计之处"

范雎说："大王越过韩、魏的国土去进攻强齐，这不是好的计谋。出兵少了，并不能够损伤齐国；多了，则对秦国有害。臣揣摩大王的计谋，是想本国少出兵，而让韩、魏全部出兵，这就不相宜了。如今明知盟国不可以信任，却越过他们的国土去作战，这可以吗？显然

第八章 摩篇

是疏于算计了！从前，齐国攻打楚国，打了大胜仗，攻破了楚国的军队，擒杀了它的将帅，两次拓地千里，但到最后连寸土也没得到，这难道是齐国不想得到土地吗？疆界形势不允许它占有啊！诸侯见齐国士卒疲弊君臣不和睦，起兵来攻打它，齐缗王出走，军队被攻破，遭到天下人的耻笑。落得如此下场，就因为齐伐楚而使韩、魏获得土地壮大起来的缘故。这就是所说的借给强盗兵器而资助小偷粮食啊！

大王不如采取交接远国而攻击近国的策略，得到寸土是王的寸土，得到尺地是王的尺地。如今舍近而攻远，这不是个错误吗？从前，中山国的土地，方圆有500里，赵国单独把它吞并，功业也成就了，声名也树立了，财利也获得了，天下也没能把赵国怎么样。如今韩、魏的形势，居各诸侯国的中央，是天下的枢纽。大王如果想要成就霸业，一定先要亲近居中的国家而用它做天下的枢纽，来威胁楚国和赵国。赵国强盛，那么楚就要附秦；楚国强盛，那么赵就要附秦。楚、赵都来附秦，齐国一定恐慌，齐国恐慌肯定会卑下言辞，加重财礼来服侍秦国。如果齐国归附，那么韩、魏就有虚可乘了。"

秦王说:"寡人本想亲睦魏国,但魏的态度变幻莫测,寡人无法亲善它。请问怎么办才能亲魏呢?"范雎说:"用卑下的言辞,加重财礼来服侍它。这样不行,就割地贿赂它,这样还不行,就起兵来攻伐它。"于是起兵来攻打邢丘,邢丘被攻陷,而魏国果然来请求归附。

范雎说:"秦、韩两国的地形,相交纵如锦绣。秦旁有韩存在,就像树木有虫,人有心腹之疾一样。天下一朝有变,危害秦国的,没有比韩国再大的。王不如使韩归附于秦。"秦王说:"寡人打算使韩来附,韩不听从,可怎么办呢?"范雎说:"起兵攻打荥阳,那么成皋的道路就不通了;北部截断太行的道路,那么上党的兵也就不能南下了;一举而拿下荥阳,那么韩国将分成孤立的三块。韩国看到自身将要覆亡,怎么能够不听从呢?韩国一顺从,那么霸业就可以成功了。"

二、吕相断绝秦国

鲁成公十三年(公元前578年)夏四月初五日,晋侯派遣吕相去断绝同秦国的外交关系,说:过去我们献

第八章 摩篇

公和穆公友好,合力同心,用盟誓加以申明,用婚姻加以巩固。上天降祸晋国,文公到了齐国,惠公到了秦国。不幸,献公去世。穆公不忘记过去的恩德,因此让惠公能在晋国主持祭祀,又不能完成重大的勋劳,因此发生了韩地的战役。后来心里懊悔,因此成全了我们文公,这都是穆公的成就。文公亲自身披甲胄,跋山涉水,逾越艰难险阻,征服东方的诸侯,虞、夏、商、周的后裔都向秦国朝见,这也就算已经报答了过去的恩德了。郑国人侵犯君王的边疆,我们文公带领诸侯和秦国一起围攻郑国。秦国大夫事先没有征询我们国君的意见,擅自同郑国签订盟约。诸侯对这件事很痛恨,打算同秦国拼命。

　　文公恐惧,连忙安抚诸侯,秦军得以平安回去,没有受到损害,这就是我国对你们的大功劳。不幸,文公去世,穆公不吊,蔑视我们死去的国君,以为我们襄公软弱,侵犯我们的殽地,断绝我们同友好国家的往来,攻打我们的城堡,吞并我们的滑国,离散我们的兄弟之国,扰乱我们的同盟之国,颠覆我们的国家。我们襄公没有忘记君王过去的勋劳,但担心国家的颠覆,所以才有殽地这次战役。尽管如此,晋国还是愿意向穆公解释

罪过，求得和解。穆公不听，反而联合楚国打我们的主意。天意保佑我国，成王丧命，穆公因此不能得逞。穆公、襄公去世，康公、灵公即位。康公，是晋国的外甥，但又想损害我们公室，倾覆我们的国家，率领我国的内奸，用来动摇我国的边疆，我国因此才有令狐这一战役。康公还是不思悔改，攻入我国河曲，攻打我国的涑川，俘虏我国的王官，割断我国的羁马，我国因此才有了河曲这一战役。东边的道路不通，那是由于康公同我们断绝友好关系的缘故。等到秦桓公继承共公即位后，我们的国君景公伸着脖子望着西边说：“大概要安抚我们了吧！”但君王也不肯同晋结盟，乘我们有狄人的祸难，攻入我国河县，焚烧我国的箕、郜，抢劫收割我们的庄稼，屠杀我国边境的老百姓，我国才因此有辅氏这一战役。君王也后悔了灾祸的蔓延，而相求福于先君献公、穆公，派遣伯车前来命令我们景公说：“我跟你同心同德，丢弃怨恨，重温过去的恩惠，以追念以前的勋劳。"盟誓还没有完成，景公就去世了。我们国君因此有令狐的会见。君王又不善，背弃盟誓。白秋与君王同在雍州境内，他们是君王的仇敌，却是我们的姻亲。君王派人来命令说：“我和你一道攻打狄人。”我们

第八章 摩篇

国君不敢顾念姻亲,畏惧君王的威严,向官吏们下达了攻打狄人的命令。但君王对狄有了二心,对狄人说:'晋国将攻打你们。'对君王的做法狄人既接受,又嫌恶,因此告诉了我们。楚国人讨厌君王反复无常,也来告诉我们说:"秦国背弃令狐盟约,却来请求同我们结盟:'对着皇天上帝,秦国的三位先公、楚国的三位先王祝告:我虽然同晋国有往来,我只是唯利是图。'我们讨厌他反复无常,因此把它公布以惩戒言行不一。"诸侯都听到了这些话,正是这样才痛心疾首,亲近我。我率领诸侯听候君王的命令,只是为了请求友好。君王如果加惠顾念诸侯,怜悯我,同我们结盟,那么这就是我的愿望了,这样就可以安抚诸侯而退走,怎么敢求乱?君王如果不肯施行大恩大惠,我不才,就不能劝诸侯退走了。谨把这些布露给您的左右执事,请他们权衡利害。

秦桓公已经同晋厉公在令狐结盟,却又召来狄人与楚人,引导他们攻打晋国。诸侯因此跟晋国和好。晋国的栾书率领上军,荀庚做他的辅佐;士燮率领下军,郤锜做他的辅佑,韩厥率领下军,荀劳辅佐他。赵旃率领新军,郤至做他的辅佐。邵毅驾御战车,栾针作为车

右。孟献子说:"晋国的官兵上下齐心,晋军一定能取得大的胜利。"五月初四日,晋军率领诸侯的空军队同秦军在麻隧作战。秦军大败。晋军俘虏了秦国的成差和车右女父。曹宣公死在军中。军队于是渡过径水,到达侯而然后回去。军队在新楚迎接晋侯。

三、作为人质的太子

楚怀王死在秦国时,太子还在齐国充当人质。苏秦就对担任齐相的孟尝君田文说:"阁下何不扣留楚太子,用他与楚国交换下东国之地呢?"孟尝君说:"不能这样做,假如我扣留楚太子,而楚国另立新君,人质便失去了挟持的价值,反而落得不义之名。"苏秦说:"不对,楚国一旦另立新君,阁下大可以挟太子以逼新主:'如果楚能割下东国之地与齐,我就为大王杀掉太子这个第一政敌,否则我将联合秦、韩、魏三国共拥太子为君。'这样下东国之地必能到手。"

苏秦的这个计谋有多种好处:他可以请求出使楚国;可以迫使楚王尽快割让下东国给齐国;可以继续让楚国多割让土地给齐国;可以假装忠于太子,迫使楚国

第八章 摩篇

增加割地的数目;可以替楚王赶走太子;可以假装替太子着想而让他离开齐国;可以借此事在孟尝君那里诋毁自己趁机取得楚国的封地;也可以令人说动孟尝君,以自己的计策解除孟尝君对自己的戒心。

苏秦对孟尝君说:"我听说,'计谋泄露不会成功,遇事不决难以成名'。如今阁下扣留太子,是为了得到下东国之地,如果不尽快行动,恐怕楚人会另有算计,阁下便会处于空有人质而身负不义之名的尴尬处境。"孟尝君:"先生说得很对,但是我该怎么办?"苏秦回答说:"我愿意为您出使楚国,游说它尽快割让下东国之地。一旦得地,阁下便成功了。"孟尝君说:"有劳先生了。"于是派苏秦到楚国完成使命。

苏秦至楚,对新立的楚王说:"齐人欲奉太子为王,图谋用太子交换贵国的下东国之地。现今事势紧迫,大王如果不尽快割让下东国给齐,太子便会用比大王多出一倍的土地换取齐人对自己的支持。"楚王赶紧恭敬的回答:"寡人一切遵命照办!"于是献出下东国之地。

苏秦回来对孟尝君说:"看楚王诚惶诚恐的样子,还可以多割占些土地。"孟尝君问:"有何办法?"苏秦答道:"请让我把内情告诉太子,使他前来见您,您假

鬼谷子

意表示支持他回国执政,然后故意让楚王知道,他自会割让更多的土地。"

于是苏秦前去拜见楚太子,对他说:"齐国拥立太子为楚王,可是新立的楚王却以土地贿赂齐国以扣留太子。齐国嫌得到土地太小,太子何不以更多倍数的土地许诺于齐呢?若能如此,齐人一定会支持您。"太子说:"好主意。"就把比楚王割让的多出一倍的土地许诺给齐国。楚王听到这个消息,甚是惊慌,便割让更多的土地,还诚惶诚恐,害怕事情不能成功。

苏秦又跑到楚王那里讨好说:"齐人之所以胆敢多割楚地,是因为他们以太子相要挟。如今虽已得到土地,可仍然纠缠不休,这还是有太子作要挟的缘故。臣愿意设法赶走太子,太子一走,齐国再无人质,必然再不敢向大王索要土地。大王趁机与齐达成一致协议,与之结交,齐人定然接受大王的要求。这样一来,既消灭了令大王寝食难安的仇敌,又结交到了强大的齐国。"楚王听了十分高兴,说:"寡人以楚国托付给先生了。"

于是苏秦再次拜见太子,忧心忡忡的说:"现今专制一国的是楚王,太子您不过空具虚名,齐人未必相信太子的许诺,而新楚王业已割地给齐。一旦齐、楚交

第八章 摩篇

结,太子就有可能成为其中的牺牲品,请太子早作良策!"太子醒悟:"惟先生之命是从。"于是整治车辆,乘马连夜逃去。

这时苏秦又派人到孟尝君那里诋毁自己:"劝您扣留太子的苏秦,并非一个心眼替您打算,他实在是为楚国的利益奔忙。他惟恐阁下察觉此事,便通过多割楚地的做法以掩饰形迹。这次劝太子连夜逃奔的也是苏秦,可您并不知晓,我私下里替您怀疑他的用心。"苏秦又派人到楚王那里游说:"使孟尝君留太子的是苏秦,奉王而代立楚太子的也是苏秦,割地以达成协议的是苏秦,忠于大王而驱逐太子的仍然是苏秦。现在有人在孟尝君那里大进苏秦的谗言,说他厚楚而薄齐,死心塌地为大王效劳,希望大王能知道这些情况。"楚王说:"寡人知道了。"于是封苏秦为武贞君。

事情还未结束,苏秦通过景鲤向孟尝君进言说:"阁下之所以名重天下,是因为您能延揽天下才识之士,从而左右齐国政局。如今苏秦,乃是天下出类拔萃的辩说之士,当世少有。阁下如果不加接纳,定会闭塞进才之道,也不利于游说策略的开展。万一您的政敌重用苏秦,阁下便会危机丛生。现在苏秦很得楚王的宠信,假

鬼谷子

如不及早结纳苏秦,就很容易与楚国结怨成仇。因此您不如顺水推舟,与之亲近,令其富贵荣达,阁下便得到楚国的支持。"于是孟尝君与苏秦言归于好。

四、张唐听信甘罗

甘罗,是甘茂的孙子。甘茂死时,甘罗年仅十二岁,事奉秦国宰相文信侯吕不韦。

秦始皇派遣刚成君到燕国,三年后,燕王派遣太子丹到秦国当人质。后来,秦国又派张唐到燕国做宰相,打算与燕国一起攻打赵国以扩大河间一带的地盘。张店对文信侯吕不韦说:"我曾经为秦昭王攻打赵国,赵国为此怨恨我,传出话来说:'谁能抓到张唐,就赏给他百里的土地。'如今我去燕国必须要经过赵国,我不能去。"文信侯听后,很不高兴,但也没有勉强张唐。甘罗说:"君侯你为什么那么不痛快呢?"文信侯说:"我派刚成君到燕去事奉燕王已有三年之久,燕国的太子丹也已经来到秦国充当人质,我如今派张唐到燕国做宰相而张唐不肯前往。"甘罗说:"让我去劝说他去。"文信侯大声斥责说:"滚开!我亲自请他,他都不肯去,你

第八章 摩篇

怎么能让他去呢？"甘罗说："从前项橐七岁的时候，就曾当过孔子的老师，现在，我已经有十二岁了，请求君侯让我去试试，又何必立即大声斥责我呢？"于是甘罗去见张唐，对他说："你和武安君相比，谁的功劳更大？"张唐说："武安君在南面打败强大的楚国，在北面威震燕国和赵国；战胜攻取，攻地掠地，夺得无数的土地，我的功劳不如他的大。"甘罗说："应侯范睢在秦国受到重用，他和文信侯比起来，谁的权势大？"张唐说："应侯没有文信候的权势大。"甘罗说："你真的知道他没有文信候权势大吗？"张唐说："这一点，我知道得清楚。"甘罗说："应侯想攻打赵国，武安君故意刁难他，离开咸阳仅仅七里之远就死在了杜邮。如今，文信候亲自请你到燕国做宰相而你却不肯前往，我就不知道你将死于何处了。"张唐说："让我听从你这小娃娃的话而起程吧。"就让人整理行装，准备出发去燕国。

五、庄辛劝说楚襄王

庄辛对楚襄王说："君王左有州侯右有夏侯，车后又有鄢陵君和寿陵君跟从着，一味过着毫无节制的生

 鬼谷子

活,不理国家政事,如此会使郢都变得很危险。"楚襄王说:"先生老糊涂了吗?还是认为楚国将遇到不祥呢?"庄辛说:"臣当然是看到了事情的必然后果,不必认为国家遇到不祥。假如君王始终宠幸这四个人,而不稍加收敛,那楚国一定会因此而灭亡的。请君王准许臣到赵国避难,在那里来静观楚国的变化。"庄辛离开楚国到了赵国,他只在那里住了5个月,秦国就发兵攻占了鄢、郢、巫、上蔡、陈这些地方,楚襄王也流亡躲藏在城阳。在这时侯襄王才派人率骑士到赵国召请庄辛。庄辛说:"可以。"庄辛到了城阳以后,楚襄王对他说:"寡人当初不听先生的话,如今事情发展到这地步,对这事可怎么办呢?"

　　庄辛回答说:"臣知道一句俗语:'见到兔子以后再放出猎犬去追并不算晚,羊丢掉以后再去修补也不算迟。'臣听说过去商汤王和周武王,依靠百里土地,而使天下昌盛,而夏桀王和殷纣王,虽然拥有天下,到头来终不免身死亡国。现在楚国土地虽然狭小,然而如果截长补短,还能有数千里,岂止100里而已?

　　大王难道没有见过蜻蜓吗?长着6只脚和四只翅膀,在天地之间飞翔,低下头来啄食蚊虫,抬头起来

第八章 摩篇

喝甘美的露水,自以为无忧无患,又和人没有争执。岂不知那几岁的孩子,正在调糖稀涂在丝网上,将要在高空之上粘住它,它的下场将是被蚂蚁吃掉。蜻蜓的事可能是小事,其实黄雀也是如此。它俯下身去啄,仰起身来栖息在茂密的树丛中,鼓动着它的翅膀奋力高翔,自己满以为没有祸患,和人没有争执,却不知那公子王孙左手拿着弹弓,右手按上弹丸,将要向70尺高空以黄雀的脖子为射击目标。黄雀白天还在茂密的树丛中游玩,晚上就成了桌上的佳肴,转眼之间落入王孙公子之口。

黄雀的事情可能是小事情,其实黄鹄也是如此。黄鹄在江海上翱游,停留在大沼泽旁边,低下头吞食黄鳝和鲤鱼,抬起头来吃菱角和水草,振动它的翅膀而凌驾清风,飘飘摇摇在高空飞翔,自认为不会有祸患,又与人无争。然而他们却不知那射箭的人,已准备好箭和弓,将向700尺的高空射击它。它将带着箭,拖着细微的箭绳,从清风中坠落下来,掉在地上。黄鹄白天还在湖里游泳,晚上就成了锅中的清炖美味。

那黄鹄的事可能是小事,其实蔡灵侯的事也是如此。他曾南到高陂游玩,北到巫山之顶,饮茹溪里的

鬼谷子

水,吃湘江里的鱼;左手抱着年轻貌美的侍妾,右手搂着如花似玉的宠妃,和这些人同车驰骋在高蔡市上,根本不管国家大事。却不知道那子发正在接受宣王的进攻命令,他将要成为阶下之囚。

蔡灵侯的事只是当中的小事,其实君王您的事也是如此。君王左边是州侯,右边是夏侯,鄢陵君和寿陵君始终随着君王的车辆,驰骋在云梦地区,根本不把国家的事情放在心上。然而君王却没料到,穰侯魏冉已经奉秦王命令,在黾塞之南布满军队,州侯等却把君王抛弃在黾塞以北。"

楚襄王听了庄辛这番话之后,大惊失色,全身发抖。在这时才把执?的爵位送给庄辛,封他为阳陵君,不久庄辛帮助楚王收复了淮北的土地。

六、伍奢隐藏真相

春秋时期,楚国国君楚平王,昏庸荒淫,竟然霸占了自己的儿媳妇。大臣伍奢坚决反对,于是平王恼羞成怒,把他抓了起来,还要他写信命令他在外地的两个儿子回来,准备一起杀掉。

第八章 摩篇

伍奢的大儿子伍尚就约弟弟伍员听从父亲的指示一起去见父亲。伍员是个有见识的武将，他估计此去是凶多吉少，劝哥哥不要上当。伍尚不听弟弟的劝告，结果到了郢都，和父亲一起被杀害了。

楚平王为了斩草除根，就派兵四处追捕伍员，在各个关口都挂了伍员的图像，悬赏捉拿。伍员乔装改扮，投奔吴国。路上，伍员昼伏夜行，历尽艰难困苦，走了十多天，才接近昭关。昭关形势险要，官兵把守非常严，伍员无法通过。

伍奢的朋友东皋公非常同情伍员的遭遇。他把伍员请到家里，准备帮他出关。但是七天过去了，还是没有找到出关的机会。伍员非常着急，一夜间头发、胡子全变白了。东皋公看到这种情形，忽然想出一个办法，就对伍员说："你的头发、胡子已经变白，守关兵士很难辨认。我的朋友皇甫讷的相貌和你差不多，让他装扮成你的样子，如果他在关口被捉，你便可乘机出关。"于是按照这个办法，伍员混出了关口。

伍员匆忙赶路，来到一条江边，他怕追兵追来，就躲藏在芦苇之中。过了一会儿，见到一只渔船，他急忙喊道："渔父，快来渡我！"伍员上了渔船，渔翁见他举

止行为不像一般人,就问他到底是谁。伍员就告诉了他实情,渔翁十分惊讶。

到了对岸,渔翁要他稍等一会,给他找点吃的。伍员等了一会,不见渔翁回来,心中生疑,怕人来捉,又躲到芦苇深处。渔翁取来饭菜,发现伍员不见了,就喊道:"芦中人,出来吧,我不会出卖你!"伍员走出来饱餐了一顿,然后解下祖传佩剑送给他。渔翁向他表示,楚王悬高价捉拿伍员,自己都没有贪图,怎能接受宝剑呢?伍员问渔翁姓名,渔翁不图报答,就没有告诉他。伍员叮嘱渔翁,如果有追兵到来,请勿泄露。渔翁见伍员生了疑心,便投江而死,以此消除伍员的疑虑。伍员见此情景悲痛难忍。他只好继续逃亡。后来伍员有了势力,打回楚国,报了杀父之仇。

七、将帅王杰上疏

教匪炽盛,王杰上疏说:"贼匪剿灭起来很缓慢,是因为遭受贼匪灾害的民众穷苦无所依赖,地方官不能慰劳前来投靠的百姓而加以安抚,以致胁从日益众多,我军兵力日益单薄而敌军气焰日益炽盛。现在这个时候

第八章 摩篇

应当安抚良民以解除其从敌的念头,安抚官兵以鼓励其军队的志气。三年之内,川、楚、秦、豫四省杀伤不下数百万,其幸存而不从敌的,也都在战乱之余,男的来不及耕田,女的顾不上织绩。如果再按亩征收赋税,甚至额外加派,胥吏趁机勒索,百姓艰难困苦的情形无法汇报到皇上面前。请将被贼匪践踏过的地方的钱粮蠲免,不让官吏舞弊重征,有前来归顺的一概不穷治其罪,敌军声势或许可以逐渐削弱。至于用兵三年未能成功,实在是因为将帅有所依恃,玩忽职守,因循守旧,不尽是因为士卒不拚命。请求颁发谕旨,曲意加以怜悯体恤,有骄傲、怠惰而不服从命令者,由经略一概加以撤回,或者就近征调、召募,申明纪律,鼓励军队,以期人人有感到温暖的欢乐,大家有众志成城的意念。"又说:"教匪的蔓延,是由于两个弊窦所导致的:一是由于统领有名无实。勒保虽然为统领,而统兵大员名位相等,人人都能够专折奏事,于是敌军到了则畏缩不前,敌军离开了又谎报获胜。就象前年敌军进犯兴安,领兵大员有'匪已渡江五日,地方官并不禀报'的奏报,其中畏避敌军的情形显而易见。又如去年敌军骚扰西安城南,杀伤数万人,官兵既不敢接近敌军,抚臣

鬼谷子

却没有一项措施，探明敌军已经离开很远了，然后才虚张声势，名义上为追击敌军，实际上连敌军也没见着。最近听说张汉潮蔓延商、洛，高均德屯据洋县，往来冲突，如人无人之境。陕西如此，四川可想而知。实在是由于统领不专一、赏罚不明确所导致。一是由于领兵大员专门依靠乡勇。

乡勇阵亡，不需要向兵部报告，人数可以假报；凭借乡勇作为前锋，既可以免得官兵伤亡，又可以使将来的开销创造便利条件，这便是耗费公款而无法稽察的原因。我认为军务紧要，没有比去掉乡勇的名号而进行实际召募更紧急的，这有五个方面的好处：一、民众穷苦无所依靠，多半从敌，以求苟延性命，将他们召募为士兵，就有口粮了，多一个当兵的人，就少一个从敌的人；二、隔省征调，旷日持久，就近召募，则旬月之间便可以完成；三、征兵远来，筋力已经疲惫不堪，召募的人却不需要长途跋涉；四、隔省的士兵，不服水土，不熟悉道路，附近的人则不必考虑这些；五、乡勇不能抵御敌军时，则逃散无从惩治，召募的士兵如果退避，则有军法治罪。具有这五个方面的好处，为何不增募，一鼓作气消灭敌军？如果说兵多则费用多，唯独不考虑

一万士兵吃十个月的粮食,与十万士兵吃一个月的粮食,其费用相等而可以早日成功。"奏疏呈上后,都一并被采纳。

八、刘延寿见戎王

后晋天福末年(公元年),契丹与晋少帝石重贵断绝友好,契丹戎主委托刘延寿谋划向南进兵征战事宜,并答应将中原给刘延寿,让他称帝中原。刘延寿就引导契丹军,蚕食河朔地区。

晋军在中波投降契丹后,契丹戎主命刘延寿到晋军军营中去安抚军队,并赐给刘延寿龙凤赭袍,让他穿上去军营。戎主对刘延寿说:"汉人兵士,都归你所有,你应亲自去安抚慰问。"刘延寿到达军营,杜重威、李守贞及以下的将士到马前谒见迎接刘延寿。戎主进入汴梁时南北投降的军士数万人,都在陈桥野外宿营,戎主担心这些军士会发生变故,想要把他们全都杀掉。刘延寿听说后,赶紧请求进见戎主,他说:"我看见皇帝您千征百战,才将晋国收归己有,不知道皇帝是要自己治理晋国,还是让晋国被他人夺取?"戎主脸色一变说:

鬼谷子

"你说话太过分了，我因为晋人背信弃义，以全国的力量南征晋国，互相厮杀了五年，方才得到中原，难道不是为自己做中原之主，而是为别人吗？你有什么说的，快给我说！"刘延寿说："皇帝曾知道过吴国、蜀国与晋国相互攻杀的事吗？"戎主说："知道。"刘延寿说："现在，中原南到安、申，西到秦、凤，沿边界数千里，都是两方军队守护的交界处。将来皇帝回契丹时，天气逐渐会变得酷热，如果吴、蜀两国一起入侵中原，不知这么大的世界，用什么兵马来抗击他们？如果失去防备，岂不是被他人所夺取么。"戎主说："这一点我不知道，应该怎么办？"刘延寿说："我知道北国兵将，在炎热酷暑的时候，袭击吴、蜀境地，是难于派上用场的。不如将在陈桥聚集的降军合并起来，另建一支军队，到边界防备。"戎主说："我的这个想法在壶关、阳城时，也曾说过，但没有得以实现，以致于五年互相拚杀，现在我得手了，为何反而不灭除他们？"刘延寿说："对晋军现在留下来的人马，以为还象从前在河南的晋军一样，这种看法实在不可取，我请求皇帝允许把这些军队和他们的家眷迁到镇、定、云、朔几州之间去安置，每年差他们轮流在黄河外沿边界戍守，这才是上策。"戎主高兴起来，说："那就接受大王你的意见吧。"因而，陈桥的兵士得以免除了象长平之灾一样的惨祸。

九、言辞激奋的周敬心

周敬心是山东人，太学生。洪武二十五年（公元1392年），明朝政府诏告天下寻求懂晓天机运数的人，周敬心上疏极力劝阻，并且还评论到几件时事。他的上疏大略如下：

臣又听说陛下连年远征，向北出击沙漠，为的是以得不到传国玉玺为耻。当年臣听说国运长短取决于功德的厚薄程度，不在天机运数，三代之下，立国最长久的莫过于汉、唐、宋，最短命的莫过于秦、隋、五代。立国长久是因为有道，立国短是因为奉行无道。陛下承天应命，救乱诛暴，然勇武威猛有余，宽大忠厚则不足。陛下如果效法两汉的宽大，唐、宋的忠厚，讲授三代所以因有道才长久的规律，那么帝王的国运可以传到万世，何必借助于小道上的人呢？

楚平王时，雕琢了卞和献上的玉石，到了秦代才开始叫做玺，历代王朝相传递一直到后唐。但治理乱

鬼谷子

国复兴基业,都不在一块玉上。石敬瑭乱国,潞王带上它自焚,那就是说秦玺已经毁了。石敬瑭进入洛阳,再采玉石做了一个,后晋灭亡后,这方玺落入辽邦,辽国灭亡后在桑干河又遗失了它。元世祖时,札刺尔者打渔时重新得到了它。现在元朝所奉的,就是这方石氏玺而已。古代三代时不知道有玺,以仁义为玺,所以说:"圣人的大宝叫位,凭什么守位叫做仁。"陛下为什么忽视天下这块大玺,而索求汉、唐、宋的小玺呢?

现在差役过于繁重,赋税过于厚重,教化普遍但百姓不喜欢,法度严苛百姓不听从。过去汲黯对武帝说:"陛下对内欲求过大,但在外施行仁义,为什么一定要效法唐尧、虞舜的清明统治呢?"现在的国家都希望富庶,军队希望强大,城池希望高深,宫室则希望它壮丽,土地则希望它广阔,人民则希望它为数众多。于是就多设军队。广泛地搜集财物,征战不休,建筑宫室没有限度,像这样统怎么统治国家,臣又见洪武四年(公元1371年)选拔天下官吏,十三年接连搜捕胡文庸案的余党,洪武十九年逮捕那些经年为害于百姓的官吏,二十三年又治那些妄加说教的人的罪。政府对官吏百姓

第八章 摩篇

大开杀戒，不管好坏。其中就真的没有忠臣烈士善人君子吗？从此可以看出陛下看轻德政而放任刑罚了。水旱连年，怎么会没有原因呢？

周敬心的上疏言辞激奋恳切。有关官员把它的奏疏上报了明朝廷。

一〇、罪不容诛

"罪不容诛"表示处以死刑也抵不过所犯的罪恶，用来形容罪大恶极。

此典出自《孟子·离娄十》："罪不容于死。"

有人去见孟子，希望他谈谈对冉求的看法。孟子说："冉求做季康子的家臣，不但不施仁政，反而把田税增加了一倍，孔子都不把他当成是自己的学生，这样的人还有什么可谈的呢？"来见孟子的人又问："冉求为季康子搜刮钱财都被孔子所唾弃，那么，那些帮助君主打仗的人又该如何看待呢？"孟子面有怒色地说："那些好战的人们为了争夺土地，争夺城池，不知杀死了多少人啊！这种人啊，真是'罪不容于死'（意思是：就是处他们的死刑，也抵不过他们犯下的罪）。"来见孟子的

人说:"您说得非常正确,可是谁来处他们的死刑呢?"孟子听后默然不语,无言以对。

一一、作法自毙

"作法自毙"是说立法的人因自己触犯法律,而自受其害;比喻自作自受。

此典出自《史记·商君列传》:"商君亡至关下,欲舍客舍。客人不知其是商君也,曰:'商君之法,舍人无验者坐之。'商君喟然叹曰:'嗟乎,为法之敝一至此哉!'"

战国时,秦孝公为了进一步改革政制,使秦国更加强盛,决定变法,并任用当时有名的政治家商鞅为宰相,制订和执行新法。商鞅变法的主要内容为:一、编定户籍,加强内部管理。二、一个户主如有两个儿子,到一定年龄必须分家,各自独立生产维持生活,防止一家人互相依赖。三、全国百姓都要努力耕耘和纺织,如超过一般人的生产量,可免除徭役,以增强秦国的经济力量。四、重新规定爵位,奖励对外作战有功的人。五、凡是没有军功的贵族,都废除他们原来的爵位,取消贵族世

第八章　摩篇

袭的权利。六、普遍建立以县为单位的行政制度。七、废除井田制,准许土地自由买卖。八、统一度量衡制度。

商鞅变法内容,完全符合当时秦国生产发展和军事扩张的要求,因此不到十几年,秦国实力更强盛。但由于这一变法得罪了一些贵族,所以在秦孝公死后,一些反对变法的人便到秦惠王跟前诬告商鞅造反,又由于惠王以前曾与商鞅不和,便下令捉拿他。商鞅被逼逃亡至关下,想在客栈休息一下,客栈主人不知他是商鞅,对他说:"商鞅的法律,凡客栈的主人不去验明客人身份而收容他的,处以死刑。"商鞅听了叹道:"想不到为法的弊端,竟到了这个地步!"说完,他继续逃亡到魏国去。

一二、同流合污

"同流合污"本指顺时浮沉,随波逐流。后来,人们用它指与坏人一起做坏事。

此典出自《孟子·尽心下》:"一乡皆称原人焉,无所往而不为原人;孔子以为德之贼,何哉?"

春秋时期的孔子非常讨厌好好先生,他把这种人称之为乡愿。孔子说:"乡愿,德之贼也。"他的意思是

说：“好好先生，是败坏道德的人。”孔子的这个观点影响深远，也有些难以理解。到了战国时期，孟子的学生万章就对孔子的这个观点感到困惑不解。有一次，万章问孟子：“什么样的人是好好先生呢？”孟子就为他作了解释，最后概括说：“像阉人那样满面堆笑、四处讨好的人，就是好好先生。”

万章还不明白，又问道：“一个人，全乡的人都称赞他是老好人，他的所作所为也表明他是一个老好人，孔子却说他败坏了道德，这是为什么呢？”

孟子回答道：“这种人的特点是，想要指责他，又找不出什么大毛病；想要责骂他吧，也没有什么值得责骂的。他们只是顺时浮沉，随波逐流，做人好像忠诚老实，行为好像正直廉洁，人们都喜欢他，他也自以为是，可是实际上完全与尧舜之道相背离，因此孔子称这种人是'败坏道德的人'。"

一三、为富不仁

"为富不仁"形容一心为了发财，不择手段地剥削人民。

此典出自《孟子·滕文公上》:"为富不仁矣,为仁不富矣。"

滕文公知道想要维持他的政权,必须懂得一些治国的道理,于是他去请孟子给他讲治国的方法。孟子告诉他,要维护自己的统治,就必须设法缓和一下国内的阶级矛盾。其办法之一就是使赋税正常,要有一定的赋税制度,并劝滕文公不要穷征暴敛,以缓和人民的反抗。他还引鲁国正卿阳虎的话说:"为富不仁矣,为仁不富矣。"(意思是:要发财就不能讲仁爱,讲仁爱就发不了财。)

一四、陈琳谏何进

陈琳先前任何进的主簿。何进想杀掉宦官,太后不理会,何进就征召各地猛将,并要他们带领兵马开向京城、想以此来威逼恐吓太后。陈琳规劝何进说:"《周易》上说'追逐山鹿而没有虞人的引导'。谚语也有'遮着眼睛捕麻雀'的说法。这些微小之物尚且不能凭欺诈之法而达到目的,何况是国家大事,凭欺诈建立怎么可以呢?如今将军一身皇室的威望,总握兵权,龙腾

鬼谷子

虎步,随意行事;凭着这个条件办事,无异于向大炉鼓风焚烧毛发。您应当速发雷霆之威,行变通之法而当机立断,虽违反常规而合乎道义,天意和民心都会顺从;而您放弃手中的锋利武器,另求于他人。大兵聚集后,强者称雄,这就是所谓倒拿着干戈,把手柄交给别人;您的事一定不会成功,只能成为祸乱的缘由。"何进不采纳他的劝告,终于招致灾祸。

一五、诸葛将计就计破司马

三国时,司马懿率领大军征伐蜀国。司马懿派手下偏将军郑文去诈降诸葛亮,一说自己与前将军秦朗同领一支军队,而司马懿只重用秦朗,看不起自己,心中有气,所以投奔蜀国。诸葛亮没说什么,便将郑文收留下来了;

第二天。秦朗率军来到蜀军大营前叫阵,指名要郑文出来应战。诸葛亮令郑文出阵,二人战不几会郑文就将秦朗斩于马下。郑文得胜回营,不料诸葛亮却拍案大喝,命令刀斧子把郑文推出帐外斩首,众将都不知道是什么缘故。只听诸葛亮说:"刚才这个人不是秦朗,你竟敢欺骗我!"郑文只好承认,他刚才所斩的只是秦朗的弟弟秦明。诸葛亮又说。"司马懿让你来诈降对不对?你如果想活命,就赶紧给司马茨写一封信,与他约定时间来袭击我们的大营。"郑文不得已,只好照诸葛亮的命令去做。果然,司马懿如约领兵前来偷袭蜀军大营,结果中了蜀军埋伏,大败而逃,将军秦朗也丧身于乱军中。

事后,请将问起诸葛亮,为什么识破郑文是诈降。诸葛亮说:"司马鼓用人十分谨慎,如果用秦朗为前将军。他的武艺一定十分高强,而郑文与那人刚一交手,便将他斩于马下,可见来者不是秦朗。这样,郑文降蜀也一定是假的了。"众人又一次领略了诸葛亮的过人胆识。

一六、诸葛亮草船借箭

三国时,周瑜和诸葛亮都是很有智谋的人,相比较起来,诸葛亮更胜一筹,周瑜对他很是嫉妒,总想寻机加害于他。鲁肃窥出了周瑜的心思,觉得于心不忍,便劝说周瑜从孙、刘联盟着想,不能因杀了诸葛亮而失去

刘备这个盟友。周瑜执意不听，但保证用正当的方式除掉诸葛亮，让他死而无怨。

一日，周瑜召集了文武官员，并请诸葛亮前来议事。诸葛亮来了以后，周瑜问他："不久我们便要同曹军交战。水路作战，用什么武器杀敌最有效？"诸葛亮回答："自然是弓箭了"。

周瑜又说："真是英雄所见略同。只是，我军的弓箭所剩不多了，那么就请先生您赶造出10万枝箭来。以备作战之用。"诸葛亮说："什么时候交箭呢？"周瑜本假思索地说："10天吧"

诸葛亮一听，便明白周瑜企图加害自己的意图了。他略微思考了一会儿，便对周瑜说："三天足够了！"周瑜听罢，先是一愣，然后赶紧说："军中无戏言。"诸葛亮笑道"愿立军令状。三天之内如果弄不来10万枝箭，可任凭都督发落。三天后，请派人到江边搬箭吧。"说完，便起身告辞。

诸葛亮走后，周瑜吩咐鲁肃去监视他。诸葛亮对鲁肃说："请借我20只船，每只船上要30个人，还要扎1000个草人置于船的两边。三天后，保证交给周都督10万枝箭。"鲁肃很快便照诸葛亮的要求去做了。

第八章 摩篇

当晚，诸葛亮便亲自率领20只船往长江北岸驶去。此夜，江面上大雾弥漫，一能见度很低。五更时，他们已经来到了曹军水寨之前。诸葛亮命令各船头西尾东一字摆开，然后让士兵们擂鼓呐喊。曹操听见了吴军的擂鼓声和喊叫声，心想：江面上大雾弥漫，敌人来攻，怕有埋伏。于是他下令各营不得擅自出击，只让弓箭手们发箭射击。只见曹军矢如雨发。箭射到东吴船上，都插入草人身上，不一会儿，草人对着曹军的一面已经插满了箭支。诸葛亮又让各船掉转方向。头东尾西，"仍一字摆开，以另"边的草人去接曹军的箭。

到了拂晓之时，20只船已经插满了箭，每只船上都有五、六千枝，总数已逾10万。诸葛亮下令撤退，又让船上士后高声喊："谢谢曹丞相送箭。"便一路顺风使航，回南岸交差去了。

一七、涸泽之蛇

"涸泽之蛇"比喻老实人往往受欺负，而奸诈的人运用权术却可以得到益处。

此典出自《韩非子·说林上》。

鬼谷子

　　田成子因负传而随之,至逆旅,逆旅之君待之甚敬,因献酒肉。

　　鸱夷子皮侍奉田成子。田成子离开齐国,逃到燕国去,鸱夷子皮背着印信文书跟随着他。到了望邑这个地方,子皮说:"您难道没有听说过涸泽之蛇吗?水泽干涸了,蛇便迁移到别处去,有一条小蛇告诉大蛇说:'您走而我跟着,人们都认为是一般过路的蛇罢了,一定会杀死您,不如用嘴相衔背着我走,人们就会把我当成神君。'于是相衔背着小蛇越过大路,遇见的人都赶紧避开,说:'那是神君。'现在您仪表堂堂而我相貌一般,使您做我的上客,人们可能看我是个千乘之君;使您做我的使者,人们会当我是个万乘之卿。不如您装作我的随从吧。"

　　田成子就背上文书跟着他,到了客店里,客店的主人对待他们很恭敬,赶紧献上酒肉款待。

一八、洪乔之误

　　"洪乔之误"表示受人之托,不重信义。则不论托人传递书信、携带衣物、传达口信、或邮寄物书信等,凡传递不到,半途遗失等,均以"洪乔之误"称之。

此典出自《世说新语·任诞》。

晋代有一个人名叫殷羡,别字洪乔,原任京官,有一次奉命到豫章做太守。当殷羡首程赴任时,京都中有很多亲友都托殷羡带书信到豫章,当时殷羡不好当面拒绝,但心里却非常不情愿去为人传递书信。他来到一个名叫石头的地方时,竟把所有的书信都投到河里,并喃喃自语道:"让它们沉到水底去也好,或是浮在水面也好,我都不管,我殷洪乔不是甘心做替人传递书信的信差的。"可想而知,那些书信,被投到水里后,当然不能够到达收信人手里。

一九、侯门似海

"侯门似海"用以形容显贵之家门禁森严,普通人无法进入。

此典出自唐代崔郊《赠去婢》诗:"侯门一入深如海,从此萧郎是路人。"

唐代时,有一位叫崔郊的秀才,他的姑母家里有一位端庄美丽的使唤丫头。崔郊很爱她,她也很敬慕崔

郊。可是，崔郊的姑母不了解这件事情。由于家境贫困，姑母竟将这位婢女卖到了大官的府第中。

崔郊虽然非常想念她，但高官的府第门禁森严，普通人怎么进得去呢？从此，崔郊一直没见着这位心上人。有一年的清明节，崔郊偶然遇见了她，但她已是官家的人了，因而不敢和崔郊打招呼，崔郊也不敢向前问询。两人四目相对，竟如咫尺天涯。崔郊心里非常痛苦，但又无法向人诉说，便写了一首诗《送去婢》："公子王孙逐后尘，绿珠垂泪滴罗巾，侯门一入深如海，从此萧郎是路人。"

二〇、后顾之忧

"后顾之忧"原意是外出时家中还有令人牵挂、忧虑之事。现在多用它形容来自后方的忧患，有时也指事后的忧虑。

此典出自《魏书·李冲列传》："高祖得留台启，知冲患状，谓右卫宁弁曰：'仆射执我枢衡，总理朝务，清俭居躬，知宠已久。朕以仁明忠雅，委以台司之寄，使我出境无后顾之忧，一朝忽有此患，朕甚怀怆慨。其

第八章　摩篇

相痛惜如此。'"

　　李冲是南北朝时期北魏的宰相,受到孝文帝元宏的器重。李冲才智机敏,为官清廉,对朝廷忠心耿耿,因而得到朝廷上下的称赞。他参与朝廷重大政事的决策、法令的制定,深得皇帝信任。皇帝奖励他的功绩,多次封官加爵,太后经常赏赐他珍宝御物。可他决不贪婪,把钱财分给亲戚朋友,连家乡父老也得到过他的分赏,所以受到人们的赞扬。

　　李冲有一个远房外甥,是孤儿,无人照看,从小住在他家里。有一次,有人给李冲家送来一匹良马,目的是求李冲给他找一个官做。正好李冲不在家,外甥便自作主张将良马收下,也没有告诉李冲。几天以后,李冲见到这匹良马,以为是家里新近买来的,便骑它上朝。马的主人看到李冲骑了自己送去的马,可谋官的事只字不提,于是认为上了当,就到处讲李冲的坏话。李冲了解到事情的真相后,大发雷霆,便将自己的外甥判了死罪。

　　孝文帝打算把京都南迁,大臣们都反对,可是皇帝不听劝谏。李冲便耐心地规劝皇帝,讲明利害得失,说服了皇帝。孝文帝几次领兵出征,朝内大事全交付李冲。李冲处理得非常周全、缜密。由于劳累过度，李冲才四十岁，鬓发便已经斑白，身体衰弱，但仍然不辞辛劳，为朝廷出谋划策。孝文帝也将他看成不可缺少的助手。

当时有一个叫李彪的人，初到京都时投奔李冲。李冲非常欣赏他，常在皇帝面前推荐他，两人关系也很亲密。李彪后来当上了朝廷的中尉兼尚书，成了皇帝的近臣，非常自傲，一改过去的面孔，对李冲也疏远而且无礼，大臣们对他很是讨厌。在皇帝南征离开京都时候，几位大臣找李冲联合控告李彪。李冲亲自执笔，写到李彪忘恩负义的地方，李冲气得怒不可遏，一拳击断书案。因此生出急病，无法医治，仅十余天便死去了。

孝文帝听到噩耗，悲伤不已，急忙回驾。他经过李冲的墓时，痛哭失声，对大臣们说："李冲清俭居躬，身负重任，因为有他替我主持朝政，我出征才没有担忧的事情，如今他死了，我以后依靠谁啊！"

摩篇第二

古之善摩者,如操钩①而临深渊,饵而投之,必得鱼焉。故曰:"主事日成,而人不知,主兵日胜,而人不畏也。"

圣人谋之于阴,故曰"神";成之于阳,故曰"明"②。所谓"主事日成"者,积德也,而民安之,不知其所以利③;积善也,而民道之,不知其所以然;而天下比之神明也。

"主兵日胜"者,常战于不争不费,而民不知所以服,不知所以畏,而天下比之神明。

【注释】

①操钩:拿着钓钩。

②谋之于阴,故曰"神";成之于阳,故曰"明":

 鬼谷子

暗中设某为神,公开成事为明。

③其所以利:为什么那样有利呢?有利的原因所在。

【译文】

古代那些善于运用摩意之术的人,就像拿着钓竿面对深渊,把带有鱼饵的钓钩投进水中去,必定能钓上来鱼一样。所以说,掌握摩术,如果主持政事,就会成绩一日比一日更大,但却没有人知道。主持战事,就会每天都能打胜仗,一天比一天取得更大的胜利而不易被人发觉,因而没有人畏惧。

圣人在暗中运筹帷幄,而称为"神"。成事在公开处,而称为"明"。所说的主持政事一天比一天取得成效,是由于积累德政,使人民安居乐业,却不知是谁给予的利益和好处的缘故;积累善行,人民都顺从遵循着做,却不知道为什么这样做。而天下人把这样的圣智之人比做"神明"。

所说的主持军事日胜的人,他们经常是不战自胜,不劳民伤财,使百姓不知不觉地归顺,不知不觉地畏惧,还不知道为什么,因此天下人就把这使用触摩术的作法比作"神明"。

第八章 摩篇

【感悟】

如同钓鱼一样,鱼吃着饵还不知是在钓鱼,运用摩意之术,贵做到人不知鬼不觉,让人在不知不觉中就接受自己的主张。要做到这一点,必须暗中进行谋划,而后以公开的方式摆到明处来运用,让人自愿地随我之意上钩。

【故事】

一、掌握局面的张仪

齐国帮助楚国进攻秦国,攻下了曲沃。后来秦想要报仇进攻齐国。可是由于齐、楚是友好国家,秦惠王为此甚感忧虑,于是秦惠王就对张仪说:"寡人想要发兵攻齐,无奈齐、楚两国关系正密切,请贤卿为寡人考虑一下怎么办才好?"张仪说:"请大王为臣准备车马和金钱,让臣去南方游说楚王试试看!"

于是张仪去南方楚国见楚怀王说:"敝国国王最敬重的人莫过于大王了,我做臣子,也莫过于希望给大王你做臣子;敝国所最痛恨的君主莫过于齐国,而臣张仪最不愿侍奉的君主莫过于齐王。现在齐国罪恶,对秦王

来说是最严重的，因此秦国才准备发兵征讨齐国，无奈贵国跟齐国缔结有军事攻守同盟，以致使秦王无法好好侍奉大王，同时也不能使臣张仪做大王的忠臣。然而如果大王能关起国门跟齐断绝交邦，让臣劝秦王献上方圆600里商、于土地。如此一来，齐就丧失了后援，而必定走向衰弱；齐走向衰弱以后，就必然听从大王号令。由此看来，大王如果能这样做，楚国不但在北面削弱了齐国的势力，而又在西南对秦国施有恩惠，同时更获得了商、于600里的土地，这真是一举三得的上策。"

楚怀王一听，非常高兴，就赶紧在朝宣布："寡人已经从秦国得到商、于600里肥沃的土地！"群臣听了怀王的宣布，都一致向怀王道贺，惟独客卿陈轸最后晋见，而且根本不向怀王道贺。这时怀王就很诧异的问："寡人不发一卒，而且没有伤亡一名将士，就得到商、于600里土地，寡人认为这是一次外交上的重大胜利，朝中文武百官都向寡人道贺，偏只有贤卿一人不道贺，这是为什么？"陈轸回答说："因为我认为，大王不但得不到商、于600里，反而会招来祸患，所以臣才不敢随便向大王道贺。"怀王问："什么道理呢？"陈轸回答说："秦王所以重视大王的原因，是因为有齐国这样一

第八章 摩篇

个强大盟邦。如今秦国还没把地割给大王,大王就跟齐国断绝邦交,如此就会使楚国陷于孤立状态,秦国又怎会重视一个孤立无援的国家呢?何况如果先让秦国割让土地,楚国再来跟齐断绝邦交,秦国必不肯这样做;要是楚国先跟齐国断交,然后再向秦要求割让土地,那么必然遭到张仪欺骗而得不到土地。受了张仪的欺骗,以后大王必然懊悔万分;结果是西面惹出秦国的祸患,北面切断了齐国的后援,这样秦、齐两国的兵都将进攻楚国。"楚王不听从,说:"我的事已经办妥当了,你就闭口,不要再多说,你就等待寡人的吧!"于是怀王就派使者前往齐国宣布跟齐断绝邦交,还没等第一个绝交使者回来,楚王竟急着第二次派人去与齐国绝交。

张仪回到秦国之后,秦王就赶紧派使者前往齐国游说,秦齐的盟约暗暗缔结成功。果然不出陈轸所料,当楚国一名将军去秦国接收土地时,张仪为了躲避楚国的索土使臣,竟然装病不上朝,楚怀王说:"张仪以为寡人不愿诚心跟齐国断交吗?"于是楚怀王就派了一名勇士前去齐国骂齐国,张仪在证实楚齐确实断交以后,才勉强出来接见楚国的索土使臣,说:"敝国所以赠送贵国的土地,是这里到那里,方圆总共是6里。"楚国使

者很谅讶的说:"臣只听说是600里,却没有听说是6里。"张仪赶紧郑重其事的巧辩说:"我张仪在秦国只不过是一个微不足道的小官,怎么能说有600里呢?"

楚国使节回国报告楚怀王以后,怀王大怒,就准备发兵去攻打秦国。这时陈轸走到楚王面前表示:"现在我可以说话了吗?怀王说:"可以。"于是陈轸就很激动地说:"楚国发兵去攻打秦国,绝对不是一个好办法。大王实在不如趁此机会,不但不向秦国要求商、于600里土地,反而再送给秦一个大都市,目的是跟秦连兵伐齐,如此或许可以把损失在秦国手里的再从齐国得回来,这不就等于楚国没有损失吗?大王既然已经跟齐国绝交,现在又去责备秦国的失信,岂不是等于在加强秦、齐两国的邦交吗,这样的话,楚国必受大害!"

可惜楚怀王仍然没有采纳陈轸的忠谏,而是照原定计划发兵北去攻打秦国。秦、齐两国组成联合阵线,同时韩国也加入了他的军事同盟,结果楚军被三国联军在杜陵打得惨败。可见,楚国的土地并非不大,而人民也并非比其他诸侯软弱,但是之所以会弄得几乎要亡国的惨境,就是由于怀王没有采纳陈轸的忠实良言,而过于听信张仪诡诈游说的缘故。

二、听从意见的魏王

齐、燕、赵、魏、韩五国进攻秦国,没有取得成功,退师回国。后来,齐国想攻打宋国,秦国出面制止。齐王就派宋郭去秦国,要求联合起来攻打宋国。秦王答应了。魏王害怕齐、秦两国联合,想和秦国讲和。

苏秦对魏王说:"秦王跟宋郭讲:'瓜分宋国的城池,制服来国的是齐国,乘宋国疲惫之际出来与齐王争夺胜利品的,是楚、魏两国。请让我为了齐王,不去禁止楚国攻伐魏国,齐王就可单独攻下来国。齐王攻伐宋国时,要刚柔兼用。象来国这样的国家,欺诈它不算背理,灭掉它不算是树了怨仇。齐王与它讲和,是为了夺取土地。既已获得土地,再加强猛攻,以期达到消灭宋国的目的。'我听了这话,暗自为大王担忧。秦国必定用这个办法对付大王。他们又必定向大王索取土地,既已得到土地,再加紧猛攻大王。他们还会要大王轻慢齐国,等齐、魏两国关系恶化,又会笼络齐国。进一步向大王索取土地。秦国曾经用这个办法对付楚国,又曾用这个办法对付韩国，希望大王深思熟虑。秦国与魏国友好，是居心叵测。所以，替大王考虑，上策是讨伐秦国，中策是对抗秦国，下策是坚守合纵盟约，假意与秦讲和。盟国不可瓦解。若秦、齐两国联合了，魏国就没有作为了。大王就听我的意见，一定不要与秦国讲和。

"秦国的势力大，秦相魏冉精明、有智慧，所以，虽然有能为您打击秦国的，却不敢公开表露。诸侯中可以让其讨伐秦国的，也只是秘密发动，而不敢公开图谋。他们见诸侯攻打秦国，便先出卖盟国来自我解脱。诸侯中可以让其抵抗秦国的，他们却只是迫于盟国的压力，不得已而已。诸侯中抵抗不了秦国的，就先背叛盟国而去，同秦国缔结亲密关系，来保重自己。这样的人出卖国王的国土来作为讲和的资本，怎么能使国家免除祸患呢？要使国家免除祸患，就必须深究上、中、下三策，实行上策。上策不行了，就实行中策；中策不行，就实行下策；下策不行，就明确表示不与秦国结盟，只要活着，就与秦国斗争到底，不择利害，务使秦国灭亡，才得安宁。现在您舍弃了这些策略，与秦国联合，认为这是使国家免除祸患的策略。既然如此，我怎能抗拒这股潮流呢？即使这样，我还是希望大王考虑我的

第八章 摩篇

策略。

"燕国是齐国的仇敌,秦国是齐国的兄弟友邦。把敌国联合起来,让他们去攻伐兄弟友邦,我实在感到困难。从前,黄帝与蚩尤在涿鹿之野大战,蚩尤的盟国西戎不出兵助黄帝;禹王攻打三苗,三苗的盟邦东夷人也不出兵。让燕、齐两国共同去讨伐秦国,这是黄帝也感困难的事。我却要让燕、赵两国起兵。

"我又广交赵、魏、韩三国官员,象奉阳君、孟尝君、韩眠、周冣、韩徐,我对他们谦恭卑下,怕他们对攻打秦国的事三心二意。我不避自己被秦国痛恨之嫌,当初联络诸侯,让他们焚毁秦符以示与秦断交的是我;后来又让诸侯撕毁与秦国的盟约,"以示背弃秦国的是我,让五国立盟约,断绝与秦国往来的也是我。奉阳君、韩徐已同意与秦国和好,主张连横的苏脩,朱婴等人已秘密到了邯郸,我又去说服齐王,破坏他们的连横计划;诸侯都与秦国媾和了,齐国派苏脩游说诸侯,让他们以齐国为最好的友邦,并出兵攻打魏国。在这样的情况下,我又拼死力争不要和秦攻魏。结果苏脩不得不回齐重新通知坏要和秦攻魏。我不是不知道秦国势力强大,然而我之所以这样做。完全是为了您啊。"

鬼谷子

三、宽恕罪行的君王

晋国侠客毕阳的孙子豫让给范、中行氏做大臣，但并未受到重用，于是他就投效知伯，得到宠信。后来韩、赵、魏三国瓜分了知伯的土地。其中赵襄子最痛恨知伯，把知伯的头盖骨拿来作饮器。这时豫让逃到山里说："唉！志士为了解自己的人而牺牲，女子为喜欢自己的人而打扮，所以我一定要替知伯复仇。"于是豫让就隐姓埋名化装成一个受过刑的人，潜伏到王宫里用洗刷厕所作掩护，以便趁机杀死知伯的仇人赵襄子。不久赵襄子入厕，忽然觉得心跳，就下令把涮厕所的人提来审问，才知道是豫让化装行刺。这时豫让竟拿出匕首说："我要为知伯报仇！"卫士拿下他，要杀他，可是赵襄子却制止说："这是一位义士，我只要小心躲开他就行了。因为知伯死后没留下子孙，他的臣子中有肯来为他报仇的，一定是天下有气节的贤人。"

于是赵襄子就把豫让释放了。可是豫让继续图谋为知伯报仇。他全身涂漆，化妆成像一个生癞的人。同时又剃光了胡须和眉毛，把自己彻底毁容，然后假扮乞丐

第八章　摩篇

乞讨,连他的妻子都不认识他,看到他以后只是说:"这个人长像并不像我的丈夫,可是声音却极像,这是怎么回事?"于是豫让就吞下炭,为的是改变自己的声音,他的朋友看到他时对他说:"你这种办法很难成功,如果说你是一个志士还可以,如果说你是一个明智之士就错了。因为凭你这种才干,如果竭尽忠诚去侍奉赵襄子,那他必然重视你和信赖你,待你得到他的信赖以后,你再实现你的复仇计划,那你一定能成功的。"豫让听了这话笑了笑说:"你的意思是为了老朋友而去打新朋友,为旧君主而去杀新君主,这是极端败坏君臣大义的做法。今天我所以要这样做,就是为了阐明君臣大义,并不在于是否顺利报仇。况且已经委身做了人家的臣子,却又在暗中阴谋计划刺杀人家,这就等于是对君主有二心。我今天之所以明知其不可为却要这样做,也就是为了羞愧天下后世怀有二心的人臣。"

不久,赵襄子要外出巡视,豫让埋伏在赵襄子所必经的桥下。赵襄子骑马走在桥边时,马忽然惊跳起来,赵襄子说:"这一定又是豫让。"经派人搜捕之后,果然是豫让。因此赵襄子就责备豫让说:"你不是曾经侍奉过范、中行氏吗?知伯灭了范、中行氏,你不但不替范、

中行氏报仇,反而屈节忍辱去臣事知伯。如今知伯身死国亡已经很久,你为什么如此替他报仇呢?"豫主回答说:"当我侍奉范、中行氏时,他们只把我当作普通的人看待,所以我也就用普通人的态度报答他们;而知伯把我当作国士看待,所以我也就用国士的态度报答知伯。"于是赵襄子用怜惜的口吻感叹说:"唉!豫让啊,由于你为知伯报仇,已经使你成为忠臣义士了。而寡人对待你,也算是仁至义尽。你自己想一想吧,寡人不能再释放你了!"于是赵襄子就下令卫士把豫让包围起来。

这时豫让又对赵襄子说:"据臣所知,一个贤臣不阻挡人家的忠义之行,一个忠臣为了完成志节不爱惜自己的生命。君王以前已经宽恕过我一次,天下没有不为这件事赞扬君王的。今天我到这里行刺,按理您应在这里将我处死。不过我想得到君王的王袍,准许我在这里刺它几下,我即使死了也没有遗憾了。不知君王能否成全我的愿望?"赵襄子为了成全豫让的志节,就当场脱下自己的王袍由侍臣交给豫让。豫让接过王袍以后拔出佩剑,奋而起身,然后用剑刺王袍仰天长叹:"啊!天哪!我豫让总算为知伯报了仇!"豫让说完话就自杀而死。赵国的忠义之士听说以后,都落泪惋惜不已。

第八章 摩篇

四、君主的诚信

周成王,西周国王,姓姬,名诵。其父周武王死时,他尚年幼,由其叔父周公旦摄政。

周成王小的时候,有一天,他和与自己感情非常好的小弟弟叔虞在宫中的一棵梧桐树下一块儿玩耍。

忽然,一阵秋风吹来,梧桐树上的叶子纷纷飘落。风过后,地上留下了许多梧桐叶。

成王一时兴起,便从地上捡起一片梧桐叶,用小刀切成一个"圭",并随手将它送给了叔虞,以玩笑的语气对他说:"我要封给你一块土地,喏,你先把这个拿去吧!"

叔虞听到成王这么说,随即欢欢喜喜地拿着这片用梧桐叶做成的"圭",跑去将此事告知他们的叔父周公。

当时周公仍代替尚是稚龄的成王执掌国政,听了叔虞告诉自己的话,便立刻换上礼服,赶到宫中去向成王道贺!

成王不解地问:"叔叔,你为什么要特地穿上礼服,赶来向我道贺呢?"面对周公的道贺,早已将此事忘得

鬼谷子

一干二净的成王,不禁一头雾水,不知所以……

周公依然面带微笑地对成王解释道:"我刚刚听说,你已经册封了你的小弟弟叔虞!发生了这样的大事,我怎能不赶来道贺呢?"

"哦,那件事啊!"这才想起此事的成王,忍不住哈哈大笑说:"刚才,我只不过是和叔虞闹着玩而已,不是真要册封他呀!"

不料,成王话刚说完,周公立即收起笑容,沉下脸色对成王说:"无论是谁,说话都要以'信'为重;你身为天子,说话更是不能随随便便,当做是在开玩笑一样。如此,你才能得到人民对你的信赖呀!倘使你总是罔顾信义,任意将自己说出口的话视为玩笑,这样,你还有资格做一国的天子吗?"

周公之言,令成王深感惭愧……于是,成王便迅速决定:将叔虞册封于唐地!